《北部湾传统文化丛书》
广西人文社会科学重点研究基地资金资助

广西沿海古民居

李红 著

世界图书出版公司
广州 · 上海 · 西安 · 北京

图书在版编目（CIP）数据

广西沿海古民居 / 李红著 . —广州 : 世界图书出版广东有限公司，2018.6
ISBN 978-7-5192-4799-7

Ⅰ . ①广… Ⅱ . ①李… Ⅲ . ①民居—古建筑—研究—广西 Ⅳ . ① K928.71

中国版本图书馆 CIP 数据核字（2018）第 127144 号

GUANGXI YANHAI GUMINJU
广 西 沿 海 古 民 居

著　　者：李　红
责任编辑：程　静
装帧设计：苏　婷
责任技编：刘上锦
出版发行：世界图书出版广东有限公司
地　　址：广州市新港西路大江冲 25 号　　邮　编：510300
电　　话：020-84451969　84453623　84184026　84459579
网　　址：http: //www.gdst.com.cn
邮　　箱：wpc_gdst@163.com
经　　销：各地新华书店
印　　刷：广东信源彩色印务有限公司
开　　本：787mm × 1092mm　1/16
印　　张：14.25
字　　数：180 千字
版　　次：2018 年 6 月第 1 版　2018 年 6 月第 1 次印刷
国际书号：ISBN 978-7-5192-4799-7
定　　价：58.00 元

咨询、投稿：020-84451258　gdstchj@126.com

《广西北部湾传统文化丛书》编撰委员会

《广西北部湾传统文化丛书》序

广西沿海地区人民在漫长的社会发展进程中创造了辉煌的历史，在这一片土地上留下了丰富的历史文化遗产，积淀了深厚的历史文化底蕴。

早在一万年前的旧石器时代，广西北部湾地区的灵山县城郊马鞍山一带已有人类生活。20世纪50年代以来，在防城港市防城区大围基村东茅岭江的杯较山、江山镇石角村的亚菩山、江山镇马兰基村的马兰嘴山，江平镇交东村的社山、合浦牛屎环塘，钦州犀牛脚芭蕉墩、亚陆江杨义岭、黄金墩和上洋角等地陆续发现了距今约一万年至五千年的新石器时代滨海贝丘遗址。这表明，早在新石器时代，广西北部湾地区的居民就已从事渔猎和农业活动。自西汉起，合浦就是我国南海“海上丝绸之路”的始发港之一。广西沿海地区是南珠文化的发源与传承地，是西方海洋文化进入中国的重要传播区，也是多元文化的交汇集中地。秦汉以来，受中原文化和移民文化的影响，农耕文化与渔业文化、骆越文化与华夏文化、中华文化与海外文化在这里撞击与交融、并存和发展。在与近现代西方文化和民族文化的交流中，逐步形成具有鲜明特征的广西北部湾区域文化。

广西北部湾沿海地区所面临的北部湾海域面积为12.93万平方千米，其中属广西的海域面积约为6.28万平方千米，广西海岸线曲折，长2199.25千米，其中大陆海岸线长1629千米，岛屿岸线长604千米。海岸线东以英罗港为起点，沿铁山港、北海港、大风江、钦州湾、防城港、珍珠港等延伸，这里有中国传统的四大渔场之一的北部湾渔场，也是世界海洋生物物种资源的宝库。流经钦州市和北海市两市境内的南流江三角洲平原为广西最大的河口三角洲平原，这里地势低平，土壤肥沃，光热水条件非常优越，盛产稻谷、甘蔗、花生和桑蚕，是广西重要的粮食和经济作物基地之一。广西北部湾地区的北海市素有“海角名区、南珠之乡”的美誉，钦州有“海豚之乡、坭兴陶都、英雄故里”的美誉，还是“中国大蚝之乡”、“中国香蕉之乡”（浦北县）、“中国荔枝之乡”（灵山县），防城港市被誉为“西南门户、边陲明珠”，是中国氧都、“中国金花茶之乡”、“中国白鹭之乡”、“中国长寿之乡”。

广西北部湾地区积淀了丰富的海洋性、民族性物质文化遗产，现存有古运河、古商道、伏波庙、白龙珍珠城、大型汉墓群、明清城墙遗址，寺庙塔亭、百年老街、西洋建筑群等遗址。此外，还有京族哈节、珠还合浦及三娘湾的神话传说等为代表的一大批记录和展示着人类海洋生产生活的文学艺术、民间风俗、海洋节庆、传统技艺和海神信仰等非物质文化遗产。

沧海桑田，日月轮回，岁月更替，辉煌的历史很难留下一部完整无缺、细节详尽的实录，也不可能给我们留下一成不变的昔日场景。无数发生在广西北部湾地区的重要事件，我们只能从史籍方志的字里行间去寻找其蛛丝马迹。无数活跃在这方热土上的古圣先贤，我们只能凭想象来描述他们的音容笑貌，细细揣摹他们的喜怒哀乐。无数先人们创造出来的生产方式、手工技艺，我们只能通过口口相传而知道其大概情况。

广西北部湾文化是广西文化的重要组成部分，它以海洋文化为主要特征，使广西的文化形态和文化内涵呈现多样性的特征。开发广西北部湾文化，有利于提高广西的文化“软实力”，并通过推出文化精品，提高文化品位，发展文化产业，将文化力转化为生产力，加速广西北部湾地区的经济发展和社会发展。然而，怎样较完整地挖掘和展示广西北部湾历史文化的深厚底蕴？如何更好地传承和弘扬广西北部湾历史文化的优良传统，并以此塑造我们的精神品格和人文风貌，推进广西北部湾地区的文化大发展、大繁荣？这是时代赋予我们的任务。

钦州学院北部湾海洋文化研究中心是广西高校重点人文社会科学研究基地，本着服务社会，传承文化的宗旨，为更好地保护广西北部湾地区的传统文化，保存广西北部湾文化的记忆，北部湾海洋文化研究中心公开在校内通过招标的方式，拟编写并出版一套反映广西北部湾文化传承的丛书，即《广西北部湾传统文化丛书》。该丛书将以简明通俗的写作特点、图文并茂的展现形式对广西沿海的海山奇观、物华天宝、民俗风物、风味食趣、民间百业、名镇名村、市井趣闻、历代书院及历史人物等进行介绍，通过对广西北部湾地区的传统文化进行梳理和研究，达到以历史的眼光审视广西北部湾、以文化的视野观察广西北部湾、以艺术的手段表现广西北部湾，从而展现出广西北部湾的历史价值、文化价值和旅游观赏价值的目的。

该丛书以史料为基础，内容的真实性与文字的可读性相统一，是具有较高品位的地方历史文化普及读本和对外宣传文化本。经过一年多时间的努力，该丛书陆续完稿并交付世界图书出版广东有限公司出版。该丛书的出版一方面可以吸引学术界学者和专家更多地关注和研究广西北部湾文化；另一方面可以帮助广大读者更全面、更深入地认识和了解广西北部湾的文化元素，从而激励广西北部湾地区的人民传承文明、再创辉煌。

做好“广西北部湾传统文化”这篇文章，并非易事。历史文化遗产，不论其以何种形式存在于世，使它们转化为引人入胜的文化产品，释放出自身的巨大能量，不仅需要立意、选材上的慧眼和巧思，还需要对历史的重新发现和解读。为此，首先我们需要读懂地方历史，需要对那些长期在我们眼皮底下留转的毫不起眼的、让人不经意的东西进行发掘整理，需要从不同的角度去重新发现、重新理解其中的内涵？对于分布于不同历史时空交会“点”上的人、事、物，需要用当代人的眼光和理念梳理出一条贯穿古今的“线”，在“点”与“线”的交织之中再兼及“面”，来呈现更广阔的历史场景，揭示更深层次的文化内涵。其次我们需要在“写”上下功夫。这是一个把抽象化的文字资源、物态化的历史遗迹、精神化的人的心灵有机结合的过程。要写得生动有趣、引人入胜；要令读者满意，令专家认可；要让内行看出门道，让外行看出热闹，让各种不同层次的人们都能产生认同感，需要我们付出更多的辛劳。

令人欣喜的是，经过策划组织者和各位作者的共同努力，拟定的丛书总体定位、目标及写作要求，都在书中得到了较好的实现。我们也希望，通过品读《广西北部湾传统文化丛书》，广大读者能够更加全面深入地了解广西北部湾地区的辉煌历史，更加真诚地汲取广西北部湾历史文化的优良传统和精神动力，更好地处理传承与创新的关系。在广西北部湾进一步开放开发的背景下，满怀激情地创造更美好的未来！

是为序。

赵昌

二〇一七年十二月二十日

自　序

古民居，这里指1949年中华人民共和国成立以前所造的、供人们日常生活使用的建筑物，主要是现存于世并具有一定历史意义的居住建筑。古民居除住宅外，还应包括祠堂、戏台、书塾等聚落人群集中活动的公共场所。民居建筑的历史渊源悠久，与民众的生活也最密切相关。民居建筑是劳动人民自由发挥最大智慧，按照自己的需求并根据建筑的内在规律建造的。因此，民居可以充分反映出功能是实用的，设计是灵活的，材料构造是经济的，外观形式是朴实的等建筑中最本质的东西；而且由于民居的建造者和使用者是同一的——自己设计、自己建造、自己使用，因此民居的实践更富有人民性、经济性和现实性，也最具民族特征和地方特色。影响民居特点形成的因素有很多，除了气候地理、建筑材料、建筑技术、手工技艺等直接因素以外，还有政治经济状况、生产方式、家庭结构等对民居的类型、规模、大小也起着较大的作用。另外，传统礼制、宗法观念等对民居的布局、朝向、大门位置都有所影响。

广西沿海地区，指广西有海岸线（大陆岸线和岛屿岸线）的地区，包括广西南部的钦州、北海、防城港三市所辖区域，历史上曾称为钦廉地区、钦州地区。广西沿海地区南濒北部湾，沿海岸线西起东兴的北仑河口，东至合浦县洗罗河口的英罗港，全长1628.5千米，这里是中国古代海洋文明产生的重要地区。

广西沿海地区的民居建筑历史悠久，据考古资料，至少在1万年前，已经有原始住民在广西沿海地区繁衍生息，如防城港市的亚菩山、马兰嘴山、交东村、杯较山，钦州市的芭蕉墩、亚陆江杨义岭、黄金墩，合浦的牛屎环塘等，这些新石器时代的贝丘文化遗址，显示出原始住民取食贝类的生活情景。钦州独料新石器时代（距今4000—8000年）文化遗址所发现的柱洞、灰沟和灰坑遗迹，据分析很可能是房屋建筑（干栏）遗迹。广西沿海地区属亚热带气候，并具有海洋性气候特征。这里气温高、日照长、雨水多，而且受台风等极端天气的影响较大。干栏建筑具有通风隔热、遮阴降温、防风防雨等特点，应对了广西沿海民居要解决的关键问题。因此，干栏建筑是广西沿海的原生态建筑。

秦汉以后，中原地区的人们不断向广西沿海地区移民，并与当地土著人融合。

他们将中原建筑文化带入广西沿海地区，致使中原传统的院落式建筑和阁楼式建筑在此得以立足并蓬勃发展。由于传统礼制和宗法观念的影响，住宅大都同族聚集建造，形成了以祠堂、书塾为活动中心的群宅布局方式，而各民居内部则强调主次分明、内外有别和对称布局。在客家等地区中，不少人是从外地迁居而来，为了求得生存和防备其他族群的侵犯，也为了便于家族团结，故民居建筑常建造成围屋或围寨（屯）的聚居防御形式。

自汉武帝开辟了以中国东南沿海为始发港的、与东南亚、南亚各国交往的海上丝绸之路后，2000 年间，广西沿海地区一直是中国与东南亚、南亚各国往来的重要始发地和泊岸地，是中外货物重要的博易场。同时，海外的商人或使团从北部湾合浦港登陆，顺着岭南与中原、西南的往来交通路线，进入中原和大西南地区，与中国建立直接的贸易、朝贡关系。此后域外文化逐渐传入广西沿海地区，并强烈地反映在建筑上。一些民居建筑往往受外国建筑形式或某些构件的影响，呈现出与外来建筑文化交流、融合的特点。

广西沿海地区古民居的发展历程，体现了广西沿海发展历程中古骆越文化、中原汉文化与西方文化等不同文化的碰撞与融合。它在长期的发展历程中，以无穷的智慧和开放的胸怀，不断适应海洋气候环境的的变化，不断吸收与融合外来文化，丰富自身建筑文化的内涵。

本书对广西沿海古民居的建筑环境、文化背景、建筑材料与构建技术、装饰艺术、民俗风情、道德教化等方面进行介绍，以图文并茂的形式向读者展示古民居建筑，以使读者对广西沿海古民居的文化特色有一个大体的认识，并呼吁大众保护古民居建筑和中华优秀传统文化。但愿此作能为广西沿海古建筑文化的传承和发展贡献个人的微薄之力。是为序。

李　红
于相晖苑
2017 年 11 月

目录 CONTENTS

《广西北部湾传统文化丛书》序 001
自　序 005

①. 海角天涯

广西沿海古民居独特的建筑 002
一、广西沿海的范围 002
二、广西沿海的自然环境与资源 004
（一）地形地貌 004
（二）江河与海湾 004
（三）气候 006
（四）物产资源 008
三、广西沿海地区的行政区划沿革及居民情况 009
（一）广西沿海地区的行政区划沿革 009
（二）广西沿海地区的主要居民情况 011

②. 融合共生

广西沿海古民居多元交叠的建筑文化背景 020
一、广西沿海民居营造的文化源流 020
（一）古越文化 020
（二）中原汉文化 022
（三）海外文化 024
二、广西沿海古民居的建筑类型 025
（一）传统式样民居 025
（二）西式洋楼建筑民居 029
（三）中西合璧建筑民居 030
三、广西沿海古民居的建筑特点 037
（一）建筑类型的多样性 037
（二）建筑文化的海洋性 038
（三）建筑材料的乡土性 039
（四）建筑文化的融合性 040

③. 建宅造院

广西沿海古民居丰富的建筑材料和构建技术 046
一、广西沿海传统民居的建筑材料 046
（一）墙体建筑材料 046
（二）屋顶建筑材料 053
（三）地基地面建筑材料 055
（四）梁柱构架建筑材料 057
二、广西沿海传统民居的构造特征 060
（一）抬梁式构架 060
（二）穿斗式构架 062
（三）抬梁与穿斗式混合构架 062
（四）干栏式构架 063
（五）硬山无梁式构架 063
（六）悬山无梁式构架 064

三、广西沿海传统民居的纵横扩展 065
（一）间及其左右扩展 065
（二）进及其纵向扩展 066
（三）院及其横向扩展 066
（四）阁与楼的空中发展 066
四、广西沿海西洋式古民居的建造 067
（一）广西沿海西洋式古民居的建筑材料 067
（二）广西沿海西洋式古民居的建筑结构 067
（三）广西沿海西洋式古民居的建筑布局 067
（四）广西沿海西洋式古民居的营造理念 068

④. 精工溢彩

广西沿海古民居精巧的建筑装饰艺术 070
一、梁架——力量与装饰之合一美 071
（一）立柱装饰 072
（二）柱础装饰 073
（三）梁枋装饰 074
（四）梁墩装饰 075
（五）雀替装饰 076
二、雕塑——精工与艺术之统一美 077
（一）木雕 079
（二）石雕 082
（三）砖雕 085
（四）灰塑 086
（五）陶塑 090
三、彩画——描绘与画彩之缤纷美 091
四、门窗——开合与隐显之灵动美 096
（一）门与隔扇 096
（二）窗 098
（三）隔断、罩、挂落 099

⑤. 风情习俗

广西沿海古民居多姿的风俗与习惯 104
一、广西沿海地区传统民居建造习俗 104
（一）汉族传统民居的营造 104
（二）壮族传统民居的营造 108
（三）瑶族传统民居的营造 109
（四）京族传统民居的营造 109
二、广西沿海地区传统居住习俗 111
三、广西沿海地区居住之方言俗语 113

⑥. 文以载道

广西沿海古民居雅致文字的装饰增辉 118
一、匾额生辉耀门楣 118
（一）堂号匾额 119
（二）牌坊匾 120
（三）寿喜贺匾 122
（四）文人题赠匾 123
二、楹联意深彰教化 123
（一）门联 124
（二）柱联 128
（三）其他楹联 131
（四）楹联荟萃 132

⑦.

南陲星珠

广西沿海现存古民居分布及其代表建筑概览......150
一、广西沿海古民居分布......150
（一）北海市古民居分布......150
（二）钦州市古民居分布......153
（三）防城港市古民居分布......159
二、广西沿海古民居概览......161
（一）钦州刘永福故居......161
（二）钦州冯子材故居......162
（三）钦州那蒙竹山村古建筑群......164
（四）钦州长滩镇新月堂古建筑群......166
（五）钦州市钦南区龙门港镇申葆藩将军楼......168
（六）钦州三马路南巷潘屋堂......170
（七）钦州五马路北巷许家小院......171
（八）佛子镇大芦村古建筑群......173
（九）新大塘龙武庄园......175
（十）榕树塘廖宅......177
（十一）连科坪仇氏荣封第古宅......178
（十二）苏村古建筑群......180
（十三）大麓口梁氏古宅......181
（十四）马肚塘古建筑群......182
（十五）聚龙山村李宅......183
（十六）水溪江村内翰第......184
（十七）马长田镬耳楼......185
（十八）香翰屏将军故居......187
（十九）平马民居古建筑群......190
（二十）亚旺龙胆大屋......190
（二十一）曲木陈氏围屋......191
（二十二）廉州槐园......193
（二十三）林翼中故居......194
（二十四）东兴陈公馆......195
（二十五）企沙簕山李氏古宅......195
（二十六）那厚古民居建筑群......196
（二十七）马突村覃汉大屋......197
（二十八）塘坪坡李宅......197
（二十九）沙坡彭宅......199
（三十）大罗坪宋氏围屋......201
（三十一）彭智方旧居......202
（三十二）杨南昌庄园（望龙楼）......203
（三十三）廖道明故居......204
（三十四）李培侬故居......204
（三十五）邓世增故居（监公楼）......205
（三十六）廖瑞荫故居......206
（三十七）陂膝村彭氏祖祠（文魁）......207
（三十八）圆山墩土围楼......208
（三十九）下卖兆杨氏古祠堂......209

后　记......210
参考文献......212

海角天涯

HAI JIAO TIAN YA

广西沿海古民居独特的建筑

一、广西沿海的范围

广西沿海地区是指广西有海岸线（大陆岸线和岛屿岸线）的地区，包括广西南部的钦州、北海、防城港三市所辖区域，地处东经 107° 27′—109° 56′，北纬 20° 26′—22° 41′，居北回归线以南。这片区域北枕山地、南濒海洋：西北界有四方岭、十万大山山脉，东界有六万山山脉，南临浩瀚的北部湾。拥有大陆海岸线 1628.5 千米，西起中越边界的北仑河口，东至广东接壤的英罗港；拥有岛屿海岸线 600 多千米，据《广西海岛志》记载，广西拥有大于 500 平方米以上的海岛共 651 个，涠洲岛和斜阳岛是其代表。

广西沿海地区陆地纵深最大约 120 千米、最小约 60 千米，陆域面积 20353 平方千米。所面对的海域为北部湾（英文名称：Beibu Gulf），是广东雷州半岛、海南岛和广西壮族自治区及越南之间的一个半封闭的海湾，位于中国南海的西北部，全部在大陆架上。大陆架宽约 130 千米，水深由岸边向中央部分逐渐加深，

图 1-1 钦州天涯亭

平均水深 42 米，最深达 100 米，面积约 12.8 万平方千米。

广西沿海地区，古称钦廉之地，这里地处中国南部边陲，自古以来远离中原，号称极边之地，用大文豪苏东坡的诗来形容即“廉州既称海之角，钦州旋说天之涯”，现钦州有天涯亭、合浦有海角亭可以印证。

图 1-2　钦州天涯亭石碑

位于钦州市区的天涯亭（图 1-1，1-2）。传为北宋庆历年间（1041—1048 年）知州陶弼始建。因钦地南临大洋，西接交趾（今越南），去京师万里，故以天涯名。天涯亭初建于城东平南古渡头，明洪武五年（1372 年）同知郭携迁城内东门口重建。1935 年迁建今址，故又称“宋迹三迁”。亭为平面六角形，边长 2.5 米，高 5 米。石柱木构梁架，攒尖顶，琉璃瓦盖。亭南北面檐口悬挂“宋迹三迁”和“天涯亭”木匾。

位于北海市廉州城的海角亭（图 1-3，1-4）始建于北宋景德年间（1004—1007 年），纪念汉孟尝来守此土，革除弊政，珠徙复还，人思其遗爱，距今已将近 1000 年了。元代海南海北道肃正廉访使范椁《重建海角亭记》载：“钦廉僻在百粤，距中国万里而远，郡南皆岸大洋，而廉又居其折，故曰海角也。”亭名的由来即在此。亭经明代成化、嘉靖多次迁建，至隆庆年间才迁定于今廉州中学内。

图 1-3　合浦海角亭大门

二、广西沿海的自然环境与资源

（一）地形地貌

广西沿海地区境内地势大体上是北高南低，山脉多呈东北—西南走向：西北方斜横着约 100 千米长的十万大山山脉，山势高峻，峰峦连绵，林密叠翠，平均海拔高约 1000 米，其中最高峰莳良岭高达 1462 米。东北方斜横着另一座长约 60 千米的六万大山山脉，平均海拔高度约 800 米，其中最高峰葵扇顶高达 1118 米。两列山系之间的中部丘陵起伏连绵，以低丘和河谷平原为主，土地稍平坦。南部环海地区属低丘滨海岗地、台地、冲积平原区。

（二）江河与海湾

广西沿海地区域内大小河流交织，水网密布，有 123 条中小河流注入北部湾，主要河流有北仑河、防城江、茅岭江、钦江、大风江、南流江。

南流江，是广西独流入海第一大河，是广西南部独自流入大海的河流中，流

图 1-4　合浦海角亭

程最长、流域面积最广、水量最丰富的河流。南流江发源于玉林市北流市新圩乡大容山南侧，向南流经北流市、玉林市玉州区、玉林市福绵区、博白县、浦北县、合浦县五县市，古称“合浦水”或廉江。南流江河口，古称三汊港，在汉代即为中国与东南亚交通贸易的重要口岸。南流江分五大支流入海，各支流河口分别为干流河口、木案江河口（总江港）、叉陇江河口（乾体港）、针鱼墩河口、尿燕子河口。

钦江，全长 179 千米，主干流发源于灵山平山镇的东山东麓白牛岭，于钦州尖山镇的横山头分为二支，分别于犁头咀、沙井注入钦州湾茅尾海。钦江水量丰富，多年平均流量为 64.37 立方米 / 秒，平均年径流量 20.3 亿立方米。钦江历来通行船只，是北部湾食盐船开往云、贵的必经之道。

大风江，发源于灵山伯劳镇万利村，于钦州犀牛脚镇沙角村注入北部湾，全长 185 千米。流域面积 1927 平方千米，年平均径流量 21 亿立方米。下游江面辽阔，江海相连，大风江口即古时的大观港。

茅岭江古称渔洪江，又名西江，发源于钦州市钦北区板城乡屯车村公所龙门村，于防城港市防城区的茅岭乡注入茅尾海。干流全长 112 千米，流域面积 2959 平方千米，多年平均入海水量为 25.9 亿立方米。茅岭江在防城港市防城区茅岭街附近水面宽 200 米。

防城江发源于防城区扶隆镇北部，全长 98 千米，流域面积 843 平方千米，沿途汇集了扶隆江、那勤江、大菉江、华石江等较多支流，流经扶隆、那勤、大菉、华石、附城、防城等乡镇，在附城乡泄入防城港湾。最宽水面 400—500 米，潮涨时可行驶大船至防城码头。

北部湾水体深入广西内陆的主要港湾有珍珠港湾、防城港湾、钦州湾、廉州湾、铁山港湾（大廉港、榕根港）、英罗港。这些港湾水深藏风，港口码头建设条件优越。

（三）气候

广西沿海地区位于北回归线以南，受地形和海洋的双调节作用，形成终年气温较高、四季温差较小、夏长冬短、冬无严寒、夏无酷暑、湿度大、阳光充足、雨量充沛的南亚热带海洋性气候。

钦州市属亚热带季风型海洋性气候，（1）夏长冬暖有微寒：根据月平均气温高于 22℃为夏季划分季节的方法，钦州市夏季长达 6 个月之多，即从每年 4 月 21 日至 10 月 20 日止，占全年的 1/2。全年平均气温为 22℃，1 月（农历 12 月）虽是全年气温最低的月份，但平均气温仍在 10℃以上。从年平均温度上来说，钦州市没有真正的冬天。但按地方习惯，把农历 10 月至 12 月划为冬季，冬季偶有强烈寒潮入侵，使市内出现连续几天 10℃以下的低温，最冷时，气温降至 0℃以下，出现轻霜，但为数甚少。（2）雨量丰富夏湿冬干：钦州市处在低纬度地带，热带湿气团来得早，退得快，加上受西藏自治区北部地形抬高的影响，其降雨机会增加；同时，由于受西北部十万大山和北部高山的阻碍，寒潮干风来得迟，退得早，所以雨量特多，湿度较大，年均雨量为 2104.2 毫米，相对湿度为 81%。夏、秋两季是湿热多雨之季。降雨量占全年 81.7%（其中夏季占 45.4%），6 月和 8 月为全年的两个降雨高峰（即 6 月梅雨和 8 月台风雨）；冬季一般是冷锋所造成的雨，雨量不大。（3）盛行季风，亦有台风侵袭：钦州市位于著名的亚洲东南部季风区内，季风环流非常明显，冬半年（10 月至次年 3 月）处于大陆高气压边缘，加上山脉从东北走向西南，形成风槽，北风长驱直入，多吹北风和东北风。夏半年（4月至9月）大陆温度高，形成低气压，海洋温度低，形成高气压，故多南风。沿海地带易出现海陆风，风力缓和，日间风自海洋吹向陆地，夜间风从陆地吹向海洋。

北海属亚热带海洋性季风气候，冬无严寒，夏无酷暑，是真正的冬暖夏凉。年平均气温22.9℃，极端最高温度37.1℃，极端最低温度2℃。年平均降雨量1670毫米。年平均日照时数2009小时，年平均太阳总辐射111千卡/平方厘米。每年从春季开始雨量逐渐增多，湿度加大，有时会出现阴雨连绵的天气。夏季温度不算太高，平均最高温度为32—33℃，极端最高气温为36—37℃，但由于湿度大，人们会感到炎热潮湿。夏季是多雨的季节，时常出现大到暴雨，月雨量可达300—400毫米。秋季雨量锐减，秋高气爽。到了冬季，雨量更少，月雨量约20—30毫米，平均温度在15℃左右。

防城港市属南亚热带季风气候区，气候温暖，雨水充沛，光照充足。夏季时间长、气温高、降水多、日照时间长，冬季时间短、天气干暖。年均日照时数1600小时，年均气温21.8—22.5℃，年均湿度82%，年均降雨量2823毫米，年均降雨天数为176天，是全国降雨最多的地区和暴雨中心之一。

广西沿海的主要灾害性天气有：台风、热带低压、暴雨、大风、飑线、龙卷风、冰雹、寒潮、霜冻、春季低温阴雨、春旱、秋旱、夏季洪涝、春季海雾、秋季寒露风等。受热带高气压的控制，广西沿海地区一般每年6—10月经历5次左右的台风天气，台风会带来狂风、暴雨和海潮，危害农工渔业生产和沿海地区人民生命财产的安全。台风路径主要有两条：一条是台风移到南海北部海面时折向偏西方向移动，穿过雷州半岛进入北部湾北部海面，登陆本地或沿本区附近沿海地区西移；另一条是台风靠近西沙群岛附近海面后，向偏西北方向移动，穿过海南岛进入北部湾海面，然后在越南北部沿海地区登陆。暴雨是广西沿海地区常见的灾害性天气，一年四季均有暴雨产生，常造成洪涝。广西沿海和北部湾海面常受飑线和雷雨大风袭击，飑线和雷雨大风过境时乌云滚滚、电闪雷鸣、风向突变、风速急增、气压急升。其水平范围较小，长度由几千米到几百千米，但宽度只有一千米到几千米。大风平均风速常可达9—10级，阵风12级以上。

明代钦州知州林希元对广西沿海地区的气候曾作生动的描述：“五岭以南，界在炎方，廉钦又在极南之地，其地少寒多热，夏秋之交烦暑尤甚，隆冬无雪，草木鲜凋。或时暄燠，人必挥扇当暑，遇雨或作盛凉。故谚曰：‘四时全似夏，一雨便成秋。’宫室、衣器、图籍辄坏虫蠹，北人至此必患疮毒，于是可以观地气矣。山岚瘴气最重，尤盛于春夏之间，春曰‘青草’，秋曰‘黄茅’，人至是月多疾病。夏秋之交，飓风间作，作必奋震怒号，击海飞涛，发屋拔木，百果、禾稼必为所伤，此边方之气殊别于中土也。”

（四）物产资源

广西沿海地区具有丰富的森林资源，境内林种资源繁多。有松、杉等常用材林，也有紫荆木、万年木、野荔枝、广柏、竹叶楠、土沉香、香花木、木沙椤、马蹄森、格木、狭叶坡垒、福建柏、观光木、华南椎、蝴蝶果、假山龙眼、樟树、红椎等珍贵树种，另在海河交汇处及浅海滩涂分布有热带海岸特有的植被——红树林；还有野人参、木耳、香菇、砂仁、灵芝、巴戟、枳实、伏苓、杜仲、七叶一枝花、蜂蜜等名贵药材和土特产，以及龙眼、荔枝、木菠萝等亚热带水果。

广西沿海地区具有丰富的陆生野生动物资源，两栖类主要有青蛙、山蛙、沼蛙、蟾蜍、虎纹蛙、地龟、巨蜥、蟒蛇等；爬行类主要有眼镜蛇、金环蛇、银环蛇、百步蛇、三素锦蛇、水律蛇、蛤蚧、龟等；鸟类主要有画眉、鹧鸪、鹩哥、鹦鹉、山雀、白鹭、大白鹭、牛背鹭、鹇、原鸡、绿嘴地鹃、大山雀等；哺乳类主要有野猪、豪猪、果子狸、猪獾、抓鸡虎、松鼠、竹鼠、蜂猴、黑叶猴、小水獭、金猫、云豹、獐、穿山甲、苏门羚等。

北部湾水域的水产资源丰富。因饵料丰富，盛产鲷鱼、金线鱼、沙丁鱼、竹英鱼、蓝圆鲹、金枪鱼、比目鱼、鲳鱼、鲭鱼等鱼类以及虾、蟹、贝类等，是中国优良的渔场和盐场。

广西沿海滩涂面积约150多万亩，浅海水域约650多万亩。海岸线上海叉众多，近岸水域多岛屿、滩涂，是牡蛎、珍珠贝、日月贝、泥蚶、文蛤等贝类理想的繁殖和生长场所，驰名中外的合浦珍珠（又称南珠）就产在这里。

茅尾海，属钦州湾内一小海湾，位于钦州湾西海域最北部。海湾内宽口窄，呈椭圆形，东、西、北三面为陆地所包围。面积约135平方千米，大部分为干出滩。海内水较浅，一般水深0.1—5米。有钦江、茅岭江注入，江、海两水交融，咸度低，温度适中，水中浮游生物丰富，是浅水鱼类及贝类繁殖的良好场所。盛产牡蛎、鲈、鲻、鲷、黄鱼、青蟹等，尤以牡蛎著称。此外，海湾内还生长有茂盛的菅草、水草和海榄树，盛产水鸭等野生水禽。一年四季，成千上万的野鸭、海鸥、沙螺鸠、蓑衣鹤在这里栖身出没。

三、广西沿海地区的行政区划沿革及居民情况

（一）广西沿海地区的行政区划沿革

据考古资料，至少在 1 万年前，已经有原始住民在广西沿海地区繁衍生息。新石器时代的广西沿海贝丘文化遗址，如防城港市的亚菩山、马兰嘴山、交东村遗址、杯较山遗址，钦州市的芭蕉墩遗址、亚陆江杨义岭遗址、黄金墩遗址，合浦的牛屎环塘遗址等均位于近海或近海河流入海交汇处，在高出海面的山岗或小岛上。这显示出原始住民在退潮间涉水、潜水取食贝类，依赖自然的原始土著文化。

先秦时期，岭南地区的百越集团多还处于原始社会各个不同发展阶段，或阶级社会初级阶段。从现有文献资料来看，广西沿海地区属当时称为“交趾”的地域，最早的居民是百越中的一个分支——雒（骆）越。《交州外域记》载：“交趾者未有郡县之时，土地有雒田。其田从潮水上下，民垦食其田，因名为雒民。设雒王。雒侯主诸郡县。县多为雒将。雒将铜印青绶。”（《水经注》卷三七，《叶榆河》）。骆越人是今壮、侗等民族的先民。

秦始皇统一六国后，立即南攻百越，经过多年的征讨，统一了福建和岭南，设置了闽中、南海、桂林、象郡进行统治（广西沿海地区属象郡辖地）。为了保持岭南的稳定，秦始皇在命令进军岭南的将士留守当地“屯戍”的同时，还从中原向岭南地区大批移民。

秦之后，赵佗在岭南称王，以番禺为中心，建立了南越王国。西汉汉武帝元鼎六年（公元前 111 年），汉武帝平定南越国后，在原秦岭南三郡的基础上设南海、郁林、苍梧、合浦、儋耳、珠崖、交趾、九真、日南九郡。合浦郡治徐闻（今广东省海康县地域，另一说在今广西合浦县），同时设合浦县，合浦县辖地为今合浦、浦北、北海、灵山、钦洲、博白、廉江、容县、北流以及邕宁、横县的一部分。广西沿海地区大部分属合浦郡合浦县（县治在今浦北县旧州），少部分（今上思）先属合浦、郁林两郡，后属晋兴郡。

东汉建武十六年（公元40年），交趾麋泠县（今越南太原西）雒将女征侧反叛，响应者有在今越南境内的交趾郡九县、九真郡七县、日南郡五县，在今广西、广

东境内的合浦郡五县，共二十七县城。而受征侧攻掠的还有绝大部分在广西境内的三十八县城，后征侧自立为王。东汉派伏波将军马援征讨，破交趾、斩征侧。马援在征讨过程中，“辄为郡县，治域郭、穿渠灌溉，以利其民。条奏越律与汉律驳者十余事，与越人申明旧制，以约束之”，大大安定了骆越。这样，骆越在东汉经过了一个相当安定的发展时期。东汉以后，南征将士（马留人）、贬谪人士等移民的南下为广西沿海地区带来了先进的汉文明和稻作文化，促进了汉越民族的融合及广西沿海的社会政治、经济和文化的发展，汉文化的影响不断深入，“骆越”已不见于史书，而代之以其他称呼，如乌浒、俚、僚等。

三国时，广西沿海地区境内属吴国，后归于晋。南北朝至隋末，广西沿海地区境内大体属越州、安州、黄州三个（州）郡。到了唐朝，广西沿海地区境内分属越州、宁越、玉山州、瀼州、上思羁縻州五个郡，均属岭南道。

宋至清末年间，地区境内则大体分属廉州、钦州、上思羁縻州三个州府。宋代社会经济有较大发展，钦州博易场成为当时中国西南地区的重要集镇，合浦珠市为广东四大珠市之一。此时，随着中原汉人的南迁及周边地区文化的影响，广西沿海居民结构和人文环境已发生了较大的变化。南宋地理学家周去非说：“钦民有五种，一曰土人，自昔骆越之种类也，居于村落……二曰北人，占籍钦州也。三曰俚人，史称俚僚也……。四曰射耕人，子孙尽闽语。五曰蜑人，以舟为室、浮海为生，语似福、广，杂以广东、西之音”，“北人，语言平易而杂南音，本西北流民，自五代之乱，占籍钦州者也”（《岭外代答》）。

光绪三十二年 (1906 年)，广西沿海地区的合浦、钦县、灵山县属廉钦道廉州府。1921—1949 年，除上思县隶属广西省南宁道（后隶属广西省南宁道行政督察专员公署），境内其他县区先后隶属于广东省、广东南区绥靖公署、广东第八区行政督察专员公署（治所在今合浦县廉州镇）。中华人民共和国成立后，1949 年 12 月至 1950 年 8 月，广西沿海地区各县(除上思县外)属广东南路专区(驻湛江市），1950 年 9 月，广东省钦廉区专员公署成立（驻合浦县北海镇），作为广东省人民政府的派出机构管辖钦县、合浦、灵山、防城四县。1951 年 5 月 14 日，政务院决定将广东省钦廉专区所属的钦县、合浦、灵山、防城四县委托广西省代管，1952 年 3 月又划归广西省，1955 年 5 月重归广东省，1965 年 7 月复隶广西省。

（二）广西沿海地区的主要居民情况

广西沿海是多民族杂居的地区，有汉、壮、瑶、仫佬、苗、黎、傣、毛南、侗、土家、水、京、回、彝、布依、藏、蒙古、满、白、高山、朝鲜、维吾尔、傈僳、拉祜、佤、纳西、景颇、布朗、阿昌、哈尼、锡伯、普米、怒、基诺、德昂、独龙 36 个民族。汉族人口主要分布在北海市、钦州的中部和东南部、防城港市的南部，壮族人口主要分布在钦州的西北部、防城港市的北部，瑶族人口主要分布在十万大山区域，京族人口主要分布在防城港市的江平镇等滨海地区。其他少数民族人口数量较少，零星散居于沿海各地。

北海市以汉族人口为主。2000 年，北海市少数民族人口为 2.6 万人，约占全市总人口的 1.8%。全市少数民族人口主要分布在市区并散居在全市各地，银海区是少数民族人口居住相对集中的地区，辖区内的国有三合口农场、星星农场和东山村共有壮、瑶、毛南等少数民族人口 5200 多人，约占全市少数民族人口的 26%。东山村是北海市第一个少数民族村。

钦州市是多民族聚居的地区。总人口 360 多万人，其中少数民族人口约 36 万人，汉族人口约占总人口的 89.3%，壮族人口约占总人口的 10.3%。汉族全市均有分布，壮族主要分布在钦北区，其中大寺镇最多，有 8.3 万壮族人，是全市壮族人口最多的乡镇。

防城港市是一个多民族聚居地区， 2012 年末全市总人口 94.62 万人中，少数民族有 45.62 万人，约占全市总人口的 48.2%，其中壮族人口 37.5 万人，约占全市总人口的 39.7%，分布在防城区、上思县的大部分乡镇。瑶族人口 4.8 万人，约占全市总人口的 5.1%，主要分布在上思县的南屏瑶族乡、叫安乡、在妙乡和防城区的峒中、那良、那梭、扶隆、大菉、十万山瑶族乡等乡镇。京族人口 2.76 万人，约占全市总人口的 2.9%，主要分布在东兴市江平镇的山心、澫尾、巫头三岛。其他少数民族人口 0.45 万人，约占全市总人口的 0.48%。

1. 壮族

壮族是世世代代居住在广西沿海地区的土著居民。壮族的历史可以追溯到 2000 多年以前的骆越人，南宋地理学家周去非说：“钦民有五种，一曰土人，自昔骆越种类也”（《岭外代答》）。在壮语中，“骆”与“麓”同音，是对山谷、岭脚地带的统称，故“骆田”就是山麓岭脚间的田，把垦食骆田的人称为骆越。

图 1-5 “干栏”屋——南间马宅

现生活在广西沿海的壮族人部分是秦汉以后由于贬谪、流放、戍军、经商等原因从中原迁来的汉族人的后裔，称“村人”，如东汉马援平定二征：“村人本为中原民族，移居县境，日久变为士人”。马援为了巩固边疆，留裨将黄万定、榻纯旺等领林、简、梁、刘、凌、陆、韦七姓谪遣者（被流放的人）及所部士卒戍守边境（当地称“马留人”）。他们与骆越人杂居相处，经过长期的民族融合（或社交、或通婚），生活习惯、语言等逐渐同化，而演变为新的壮族。广西沿海地区的壮族，主要分布于十万大山山脉的山麓，以耕种岭脚间的田为生。清代，壮族房屋有两种，一是“大屋”，四壁为土墙或泥砖墙。有主房高 1.52 丈、1.44 丈、1.28 丈和 1.04 丈四种规格，深度通常为 2.64 丈或 2.44 丈，屋前廊深 4.8 尺[①]。常由三大间构成：中堂（宽为 11.1 丈）、左间（宽为 11.1 丈）和右间（宽为 1 丈）。中堂用隔板分前后两间，隔板两侧设门。中堂设历代祖先牌位，上面设神龛。左、右间用隔板分为前后二间，各开窗口。客厅另建，比主房矮窄；一般三开间的大

① 1 丈等于约 3.33 米。1 尺等于约 0.33 米。1 丈等于 10 尺。

空间，中有大横梁，设大窗。伙房另设。二是“峦单”(板楼)，即“干栏”屋(图1–5)。宽度同大屋相同，高度则成倍于大屋；用木板铺楼，人住上面，牛猪鸡鸭住下面。在山区，多为“峦单”住宅。

2. 汉族

汉族是从中原迁徙来的族群。从秦王政二十五年(公元前222年)王翦军南征百越起，经汉马援平越、唐安史之乱、宋狄青南征到清兵入关，致使北方人大批南迁，汉人徙钦源源不绝。“邑之有客人，当起于元明以后，而盛于清。”元朝建立后，中原汉人为了逃避战乱，纷纷向南方迁徙，而南方湖南、江西、福建、广东等省的人口，猝然增多，谋生不易，从而被迫向当时还处于地广人稀的西南地区移来。明末清初，农民起义、清军入关及长达二十年的抗清斗争，使北方长期战乱，大量人口南迁。加上历史上黄河多次决口，更造成灾民流入南方各地，部分流居人口稀少的广西沿海地区。清中期后，由于广东福建一带地少人多，更多的汉族人从福建、广东等地迁来，包括“解汉语，业耕种”的“东人”和“居城郭，解汉音，业商贾”的“客民”。汉族民居通常为院落式住宅（图1–6），富裕人家多是砖木结构的四合院，其中较富之家有头、二、三进或四进的四合院。

图1–6　院落式住宅——灵山县佛子镇大芦村

二厅、三厅和上厅（即祖公厅）中间有天井，天井两旁是厢房，厅两旁是大房，大房旁有耳房。祖公厅安放祖先牌位，为祭祖场所，祖先牌位后是宫背间。每一厅及天井结构基本相同。贫苦之家多是泥砖屋，低矮狭窄。较为贫苦之家住竹笆屋，天面盖稻草。乡村住宅多是泥砖瓦房，较贫苦之农家即住挂水墙屋（用泥巴稻草相和，挂壁为墙），屋顶盖稻草。山区、乡村部分居民用三合土夯打成墙壁建屋，俗称"舂墙屋"，墙体厚而坚固。

广西沿海地区的汉族中有两个特殊的群体，他们分别是疍家人和客家人。

（1）疍民（俗称疍家）

关于疍民的来源有很多种说法，比如：一说远古时天上掉扫帚，在地为汉、在水为疍；一说是被汉武帝灭国的闽越人后代；一说祖先是5世纪东晋时期反抗晋朝失败而逃亡海上的卢循军队残部；一说是追踪到9世纪王审知入闽时被夺去田地、驱入水中的福建原住民；一说是14世纪元朝灭亡后为避汉人报复而下水的蒙古人后裔；还有归源流至14世纪的元末明初兵败下水的陈友谅余部等等。

现今学术界较主流的观点认为疍民主要源于古代的百越，是居水的越人遗民，汉族中的一个特殊群体："舟居穴处，亦能汉音""采海为生"。宋朝周去非之《岭外代答》卷三外国下"蜑蛮"条有详细描述："以舟为室，视水如陆，浮生江海者，蜑也。钦之蜑有三：一为鱼蜑，善举网垂纶；二为蚝蜑，善没海取蚝；三为木蜑，善伐山取材。凡蜑极贫，衣皆鹑结。得掬米，妻子共之。夫妇居短篷之下，生子乃猥多，一舟不下十子。儿自能孩，其母以软帛束之背上，荡浆自如。儿能匍匐，则以长绳系其腰，于绳末系短木焉，儿忽堕水，则缘绳汲出之。儿学行，往来篷脊，殊不惊也。能行，则已能浮没。蜑舟泊岸，群儿聚戏沙中，冬夏身无一缕，真类獭然。"过去疍家人以舟艇为家，生活在水上的疍家人选择一个河湾坦地，几十条小艇聚集一起，为停泊的地方。沙坦搭几间茅棚，为公众活动场所，茅棚为疍家人聊天议事或节气拜祭用。儿童跑到沙滩活动。疍家艇多为篷船，篷的大小与船的大小相应，船篷是由竹篾织造构成，弯成拱形，做成瓦状，漆以桐油，以防水遮阳。船篷一般都有三至五片，船舷两傍，相对立柱四至五对，以竹架起为梁，把船篷架起遮挡风雨或烈日。晚上疍家人把船篷放下到船舷，便成了休息的窝棚。后来由于围垦开发，疍家人在水边搭寮居住，他们住的地方叫作"疍家棚寮"，是傍岸临水架设的棚户，竹瓦板壁，陈设简单。疍家人的寮屋一般用原木、竹子、茅草、树皮等为材料建筑而成，墙壁多用树皮或竹编织成围篱围成，屋顶多以茅草、树皮，这种茅屋冬暖夏凉。清朝出于防汉制夷的政治考量，同时为了打击毁灭反清复明势力，实行了海禁及残酷的沿海迁界。《清史稿·食货志一》：“广东总督奏称，撤毁雷、廉交界海面之涠洲及迤东之斜阳地方寮房，递回原籍，免与洋盗串通滋事，并毁校椅湾等三十二处寮房共百六十二户，另行抚恤安插。”

（2）客家

客家人是汉族族群分支，客家源流始于秦征岭南融百越时期，历魏、晋、南北朝、唐、宋，由于北方战乱等原因，中原民众逐步往江南，再往闽、粤、赣迁徙，最迟在南宋已形成相对稳定的客家族群。中原客家经五次迁移后，于清朝同治和光绪年间再次从福建广东迁到广西沿海地区。广西沿海三市客家人口现有 105.56 万人，其中北海市海城区、银海区、铁山港区共 3.1 万余，合浦县 31 万余，钦南区、钦北区共 20 万，浦北县 18 万，灵山县 15 万，防城港市港口区、防城区、东兴市共 17.26 万，上思县 1.1 万。广西沿海的客家人以客家语为母语，操涯话、新民话，认同于客家历史、文化。客家围屋是其民居的代表（图 1–7），据历史学家考察，这种民宅建筑与中原贵族大院屋型十分相似，这是有其历史渊源的。客

图 1–7　客家围屋——合浦公馆镇沙垠圆山墩土围楼

家先民原系中原汉人，因战乱、灾荒等原因辗转南迁赣、粤、闽交界山区落籍繁衍。客家先民南迁定居岭南后，不但传播了中原的先进耕作技术，而且建筑民宅保持了原有的传统风格。

3. 京族

京族是中国沿海唯一的海洋少数民族，以捕鱼为业，主要聚居于江平镇的巫头，澫尾、山心、潭吉、红坎等地及松柏乡的竹山三德村，小部分散居于东兴市区及钦州市市区，以半渔半农为业，总人口约有 2.8 万人。京族的祖先是 15 世纪以后，陆续从越南涂山等地迁来的，清光绪元年 (1875 年)，澫尾岛京族订立的乡约中说“承先祖父洪顺三年贯在涂山，漂流到此……立居乡邑，壹社贰村，备有亭祠”。洪顺三年（1511 年），正是中国明朝武宗正德六年，可见，迁到澫尾的一部分京族，至少有 400 年的历史了。京族的祖先从越南迁来后，最先居住在巫头岛和江平镇附近的寨头村，后来才逐渐向澫尾、山心、潭吉等地发展。中华人民共和国成立初期，京族曾被称为越族。1958 年 5 月成立东兴各族自治县时，根据该民族的意愿，经国务院批准，正式定名为京族。京族原有一种比较古老的、体现民族风俗的“干栏”民居（图 1–8），其为了减轻海洋性季风气候区风力强劲的海风侵扰，在建筑体量上缩小了许多。房屋檐高 2—2.2 米，房屋四个角和中部立柱，柱脚用石块垫高。地板密铺竹条或木板，离地 20 厘米左右，其上铺草席。入屋须脱鞋，全家坐卧饮食均在席上。鸡鸭栖居地板下面小空间。三开间的宽总 6 米，进深 3.8 米。用竹木作房架，垫石柱脚，以茅草或竹笆作墙壁，

图 1–8　京族矮“干栏式”建筑

有的还在竹笆墙上糊上泥巴，在屋顶上盖苇草或瓦，并用木头压固，以防风。地板架空，既可防潮湿，又可养鸡鸭。厅廊相连，床地同高，窗门合一，开闭自如，俨然陆上船舱。

4. 瑶族

瑶族主要来自广东肇庆、福建、广西大瑶山等地。瑶族以刀耕火种，捕鸟猎兽为活，随山迁徙，很少定居(1949年后已经定居，且务农和植林为主要生活来源)。大约于明末开始，瑶族由广西沿海以外的地区陆续先后移居十万大山等地。如邓姓瑶族自称迁至十万大山较早，已有三百余年的历史。相传邓姓祖先原住福建省，后迁至广东肇庆府，再从肇庆府迁防城东山、大菉等地。现在十万大山华侨林场的邓姓瑶族归侨保存的族谱，便有这一迁徙路线的记载。盘姓瑶族的族谱则说其祖先于500年前从福建迁出，经广西博白等地迁至防城，进入十万大山约有200余年的历史。民国《钦县志》有瑶族在那雾岭一带生活的记载，但1949年后，那一支瑶族已不见踪迹，估计已迁往防城港一带的中越边境。

瑶族主要居住在山高林密、地势陡峭、交通闭塞的山区。所以，他们主要使用名为打洞棍(瑶语称“机老八”)的生产工具，棍长丈许，头部镶有约1.5寸(5厘米)的锥形铁帽，重三四斤(1.5—2千克)。还使用禾剪、弯刀、砍刀、斧头等生产工具，进行“刀耕火种”。刀耕火种的程序是：每年农历十一月即把次年要种的山地上的树木杂草砍下晒干，待到第二年三、四月间烧掉，不锄不犁，即可进行播种；播种时由男子在前面用打洞棍在坡地上打上2寸(约6.7厘米)深的小洞，妇女跟随播种，不盖土，不施肥，中间除草两次，到十月份即可收割。收割时用禾剪把禾穗一穗一穗地剪下。

瑶族以前则多住茅屋。瑶人室内以竹木器材搭成高栏(因而被称为高栏族)，栏上不设床凳，台家男女老幼，晚上大被同眠，百无禁忌。瑶人习惯在门侧置一水盆，以便洗脚入室。栏上住人，栏下养牲畜。

2

融合共生

RONG HE GONG SHENG

广西沿海古民居多元交叠的建筑文化背景

一、广西沿海民居营造的文化源流

广西沿海是中国古代海洋文明产生的重要地区，在长期的耕海生活中，沿海居民热爱海洋、敬畏海洋、依赖海洋，并依托海洋开展频繁的海外商贸和文化交流。

中原文化、楚文化与古骆越文化在此得到交流，基督教文化、佛教文化、道教文化在此共存，汉文化、南亚文化、近代西方文化在此得到融汇，形成多种文化融和共生的现象。多种文化的交叠，深刻地影响并伴随着广西沿海建筑文化的发展。

（一）古越文化

越族，生活在长江以南广大地区的一个古老的民族。《汉书·地理志》臣瓒曰："自交趾至会稽七八千里，百越杂处，各有种姓。"越即粤（古代粤、越通用），夏朝称"于越"，商朝称"蛮越"或"南越"，周秦时期的"越"，除专指"越国"外，亦同样是对南方诸族的泛称，周、战国称"百越"，秦吞并百越地区。今天广西沿海地区的壮族、瑶族、京族等少数民族，是岭南古越族后裔。

百越包括于越（扬越）、东越（东瓯）、闽越、南越、瓯越（西瓯）、骆越（今越南北部）和滇越等。他们之所以共称为"越"，是因为具有共同的文化特征。这主要表现在使用双肩石斧、有段石锛和几何印纹陶器，从事稻作农业和渔猎，住"干栏式"房屋，尚铜鼓，精于剑，熟水性，善舟船，有凿齿和断发纹身习俗等等。

以南越族为主的华南古越，在衣、食、住、行等人类生活中的方方面面，均对中华民族文化有重要的贡献。在衣着方面，华南古越族及其后裔今海南岛黎族等南方少数民族，是用木棉、芭蕉、竹子等植物纤维织布的发明者；在饮食方面，古越族"饭稻羹鱼"，是栽种稻谷（旱稻、水稻）的先行者；在居住方面，古越族是"干栏式"住房的创造者；在交通方面，古越族是舟船的初创者。

南方古越族住类似巢居式的"干栏式"房子，即竹木结构的二层楼房，下层饲养牛、猪等家畜，上层住人。这样可以防止南方气候的潮湿和避开各种凶恶的野兽虫蛇。正如《博物志》云："南越巢居，北溯穴居，避寒暑也。"距今 7000 年前的浙江余姚河姆渡遗址，发现有大面积长条形的木结构"干栏式"建筑遗址，这大概是目前所知的最早的"干栏"房。钦州独料新石器时代（距今 4000—8000 年）文化遗址，除有石器、陶器和果核等遗物出土外，还发现柱洞、灰沟和灰坑遗迹，根据分析，这些柱洞很可能是房屋建筑（干栏）遗迹。位于今北海市合浦县廉州镇东南郊的望牛岭、风门岭、宝塔山和东北郊堂排一带的汉代墓葬群是目前中国著名的大型汉墓群之一。自 20 世纪 70 年代以来，这里陆续发

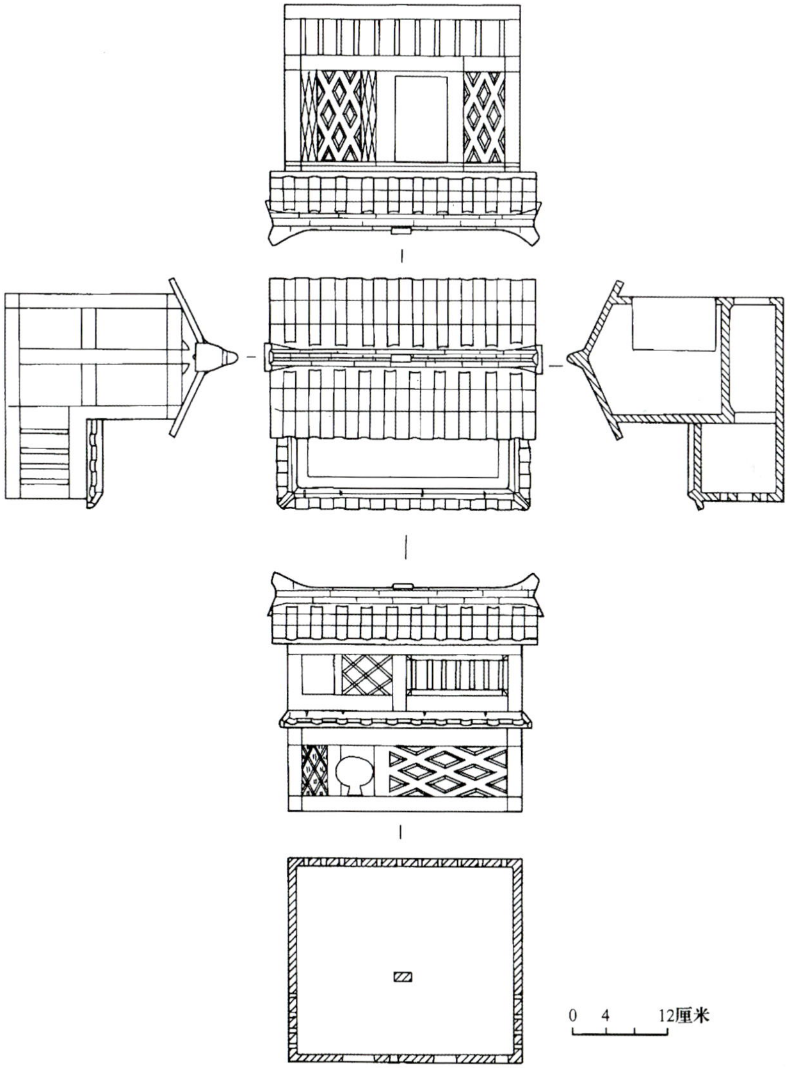

图 2-1　第二十八号墓出土陶屋——合浦风门岭汉墓（2003—2005 年发掘报告）

掘出汉墓400余座，出土有青铜器、玉器、金银器、陶瓷器、古钱币以及舶来品香料、玻璃器皿、碧琉璃、水晶等，及有外国风格的黄金饰物文物上万件。特别是陶瓷器中所出现的各种类型的陶屋，体现了西汉和东汉时期广西沿海地区干栏式建筑已流行的情况。如风门岭第二十三号墓属西汉早期墓，出土有陶仓2件，属干栏式建筑，四足粗矮，上承宽台面，门开在中间；出土陶屋1件，虽然出土物残缺，但仍可看出干栏式建筑痕迹。第二十六号墓，出土仓1件，仓底有4个圆孔，原应为装木柱所用，为干栏式建筑。第二十四号墓，出土陶仓2件，也为干栏式建筑，而第二十八号墓出土陶屋1件，为上下两层之干栏式建筑，上为人居，下为畜圈（图2–1）。

直至近代，广西沿海地区的壮族、瑶族、京族等少数民族部分居民，仍然居住传统的“干栏式”住房。

（二）中原汉文化

距今约5000年，华夏族在黄河中下游的中原地区起源并逐渐发展起来。传说中的黄帝是陕西关中地区的姬姓部落的首领，其东面有一个以炎帝为首的姜姓部落。在原始社会末期，部落之间为了争夺土地和人口经常发生摩擦。两大部落之间爆发了阪泉之战，黄帝打败了炎帝，黄炎两个部落结为联盟，逐步征服周边其他部落，华夏族（汉族）的前身由此产生。炎黄部落联盟在涿鹿之战中打败了南方九黎族首领蚩尤,其势力东至山东,南达长江流域,炎黄部落联盟进一步扩大。在随后的2000年间，黄帝的后裔先后建立了夏朝、商朝、周朝。公元前221年，秦始皇统一中国并建立了秦朝，公元前206年，汉朝建立，以华夏族为主体、融合了周边的众多民族的汉民族基本形成。

在秦汉时期，随着统一的多民族封建国家的形成和发展，以封建土地所有制为基础的、以自给自足的农耕经济为主要经济形态的封建专制统治逐步建立，并在中国延续了2000多年。宗法制是中国古代早期政治制度的核心，它是用父系血缘的亲疏关系来维系政治等级、巩固国家统治，其特点是宗族组织和国家组织合二为一，宗法等级和政治等级完全一致。宗法制度确立于夏朝，发展于商朝，完备于周朝，对中国以后各封建王朝的影响主要体现在两个方面：一是对血缘关系的高度重视，二是对等级差异的强调。这直接反映在中国古代建筑文化上。

中原地区在商周时期，就有成熟的夯筑技术，用来建造民居、宫殿以及城池，至秦汉时期建筑技术得到空前的发展。河南各地出土的汉代陶仓楼，是对汉代中原地区中产阶层楼阁艺术风貌的直观再现，其楼观、回廊、高台、仓阁和门阙等交错纵横，具有高大凌空的体势和向上耸立的多层结构，建筑风格宏大优美。

秦汉以后，中原移民将中原建筑文化带入广西沿海地区，表现为院落式、楼阁式建筑及殿宇建筑的出现。如合浦县罐头厂 M1A 出土的东汉院落式陶屋，平面略呈正方形，房顶为悬山式。前有门楼，后有栅居式双层主房，中为庭院，两侧筑有带墙帽的围墙。屋顶正脊两端上翘，房屋墙体往下收分。正门左侧有上圆下三角形的窦洞，供禽畜进出。基本上具备了中原四合院建筑的特点。1989 年 2 月合浦红旗岭二号汉墓出土的庑殿顶陶楼，由门楼、院落和带阳台的二层主楼构成，正门两边，刻有手持长矛的武士，其形象类似中国古代的门神，显然已是北方建筑的形式。合浦汉墓出现的这些陶屋明器建筑形式，说明汉代广西沿海地区的建筑技术已达到了一定的水平。汉墓出土的大量汉砖，也说明汉代广西沿海地区的人民已经掌握了烧制加工建筑材料（砖、瓦等）及其基于此的建筑营造技术。

自秦汉以来，广西沿海的汉人与少数民族交流十分密切。早在汉初，汉人赵佗在岭南建立南越国，自称“蛮夷之长”。隋唐时，以宁逵、宁猛力（原籍冀州临淄）为代表宁氏家族统治钦州期间，废除对少数民族的“蛮”“夷”之称，行“修其教”“不易其俗”，继而“建城邑、开学校”，以“诗书礼乐”教化各族人民，使他们自然归流。宋代知州陶弼、岳霖等人在钦“兴学造士”，修城抵御外侮，加强民族团结，抗拒外来侵扰。姜公辅、宁原悌以“招流民子，感化乡间”，深受各族人民拥护。明代，对边远少数民族聚居地方，实行“羁縻”政策，以其自治，并在钦州西部少数民族聚居地区(今防城县及钦州西北部地区)划分三都七峒，建立领主土司制度，委少数民族黄姓族首世袭峒主。明知州林希元在少数民族地区“教以耕织”“兴利除弊”“招叛归籍”。清嘉庆年间，壮族人冯敏昌著书立说，修建书院，发展钦州文化。

广西沿海地区在宋、元、明、清、民国时期隶属广东省，这里的汉族民居与广府民居的建筑文化一脉相承。广府人主要由早期中原移民与古越族融合而成。广府民系文化特征既有古南越遗传，更受中原汉文化哺育，又受西方文化及殖民地畸形经济因素影响，具有多元的层次和构成因素。广府建筑的房子都是三合院形制，住宅基本格局为“三间两廊”形式。常常是四五代人聚族而居，宗祠为整个村落的精神核心，村前有水塘是所有村落的共同特点。其建筑特点主要是：一是依据自然条件包括地理条件、气候特点，体现出防潮、防晒的特点；二是大量吸取西方建筑精髓，体现了兼容并蓄的风格。

广西沿海地区的移民中，有相当一部分来源于粤、闽、赣的客家人，并把其以围屋（也称围龙屋）为代表的客家建筑文化带来。围屋的外形基本分同心圆形、半圆形和方形三种。围龙屋不论大小，大门前必有一块禾坪和一个半月形池塘，禾坪用于晒谷、乘凉和其他活动，池塘具有蓄水、养鱼、防火、防旱等作用。客家围龙屋大门之内，分上中下三个大厅；左右分两厢或四厢，俗称横屋，一直向后延伸。在左右横屋的尽头，筑起围墙形的房屋，把正屋包围起来；小的十几间，大的二十几间，正中一间为“龙厅”，故名“围龙”屋。小围龙屋一般只有一到两条围龙，大型围龙屋则有四条、五条，甚至六条围龙。

（三）海外文化

广西沿海地区位于中国西部的出海口和中国海岸线最南端，是汉代“海上丝绸之路”的始发港，也是广西对外开放、交流的一个重要门户。自汉元鼎六年（公元前 111 年），汉武帝开辟了与东南亚、南亚各国交往的海上丝绸之路后，海外的商人或使团可通过“海上丝绸之路”扬帆，从北部湾合浦港登陆，顺着岭南与中原、西南的往来交通路线，进入中原和大西南地区，与中国建立直接的贸易、朝贡关系。广西沿海地区开始与海外文化接触并交流。广西沿海地区人民最具开放性，易于接受外来新事物，敢于吸收、摹仿和学习西方物质文明和精神文明，并将传统文化与之相融合。他们具有敢于探索和尝试的拼搏精神，视野较为宽广，思路较为开阔，商品意识和价值观念较强。而域外文化的传入，也强烈地反映在建筑文化上。例如由于佛教文化的传入，在隋唐时期的合浦古城、钦州古城、浦北旧州古城，均出现了莲花瓣纹瓦当。明清以后，特别是 1876 年，北海被辟为对外通商口岸后，近代西方建筑文化传入，广西沿海出现了西式洋房、商街骑楼等建筑式样。自 20 世纪 20 年代起，在广西沿海地区，西式洋房、商街骑楼建筑遍布大城小镇，有哥特式、南洋式、巴洛克式、中华传统式，融会贯通，各具特色，如合浦的阜民路、北海珠海路、钦州中山路、南康解放路等老街建筑。今天，人们徜徉于北海珠海路升平街、钦州一到四马路、合浦阜民南北街、防城中山路以及张黄、公馆、小董、那良等名镇老街时，都能品味到岭南建筑文化的魅力。

二、广西沿海古民居的建筑类型

（一）传统式样民居

1. 干栏式民居

由于气温高、潮湿，古代广西沿海地面植被厚盖、森林稠密、沼泽遍布，所蒸发出的“瘴疠之气”对人体有害，再加上猛兽毒蛇的威胁，古骆越人便仿效鸟类，搭起悬离地面的简陋居所——“巢居”。《博物志》说：“南越巢居，北溯穴居，避寒暑也。”南宋地理学家周去非有述：“深广之民，结栅以居，上施茅屋，下豢牛猪。栅上编竹为栈，不施椅桌床榻，唯有一牛皮为裀席，寝食于斯。

图 2-2　干栏式民居——浦北县官垌镇大岸村委新屋坡村

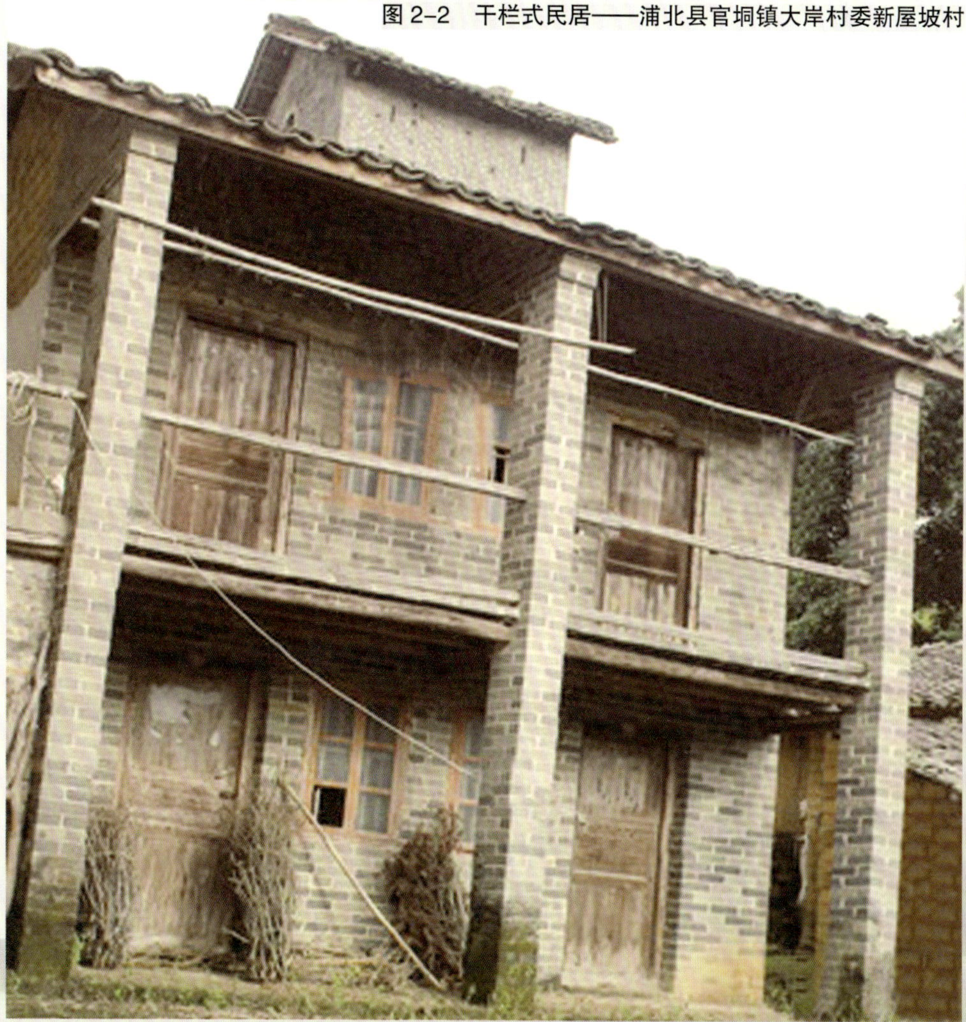

牛猪之秽，升闻于栈罅之间，不可向迩。彼皆习惯，莫之闻也。考其所以然，盖地多虎狼，不如是则人畜皆不得安，无乃上古巢居之意欤？”（《岭外代答》）“巢居”便是“干栏式”建筑的早期形式。“干栏式”建筑形式简单，不需要挖地基、砌墙体，仅需竹木材料，故干栏式建筑遍布长江流域及其以南地区。

清朝道光《钦州志 · 风俗》记载：“钦昔土著，屋多茅茨，高不过眉睫。”“人居楼上，猪牛畜居其下”的竹木结构、茅草盖顶的干栏式住宅是当时广西沿海地区的壮族、瑶族、京族等少数民族民居的普遍式样。干栏式住宅多为二层三开间，设阁楼，底层用作圈养牲畜，二层为居住层，阁楼储物。由于处在斜坡，多形成吊脚楼的模样。而清代后，住宅建筑逐渐发生了变化。由于建筑材料不断更新，墙基部分改作防潮防腐的石块垒砌，墙体用生土砖砌筑或夯土而成，屋顶的茅草被耐用的青瓦替代。此外，屋前左边架设一稳固木梯，上接带竹木栏杆的栈台（入户阳台），以便于出入居住层。房屋多建于山脚的缓坡，近耕地而不占农田，近水而不受水淹。如今，干栏式住宅主要分布在上思、防城及钦北区的黄屋屯、大直、贵台、大寺、那蒙、新棠、那香、小董、板城、长滩等镇。

2. 院落式民居

汉族是秦汉后从中原各地迁居广西沿海地区的一个客籍民族，遍及钦州、灵山、合浦、浦北等地。除上思（县），广西沿海地区在宋、元、明、清、民国时期隶属广东省。汉族民居的代表是岭南院落式风格民居。

院落式风格民居，其传统格局是以“进”为基本单位进行构建的。每进至少为三间，中间为厅堂，两侧为房。每进以厅堂为中轴，可向左右两侧对称扩展，形成每进为五间或七间或九间等单数变化。“进”的最外侧两房前为廊房。院落的主座由“进”与“廊房”构成。最简单的也是最基本的就是单进三间两廊一天井住宅。然后以厅堂的中轴线向纵深发展，形成每座二进、三进、四进或五进（民居最大“进”数）的院落格局，最深一进的厅设为祖厅。年纪最大的老人住祖厅两侧的房，廊房一般可作为厨房、客厅、花厅（女眷会客、做针线活的地方）、茶室等。头进有时建造为倒座。除祖厅外，各厅堂设前门，而没有后墙，是后敞开式，靠后正中处设屏风，屏风设双扇中门及左右侧门，平时只开侧门，遇到盛大的典礼或贵宾到来才开中门。

院落式民居主座的两侧及后侧为相连的廓房，形成一个相对封闭的格局。通常，廊房的外侧再建围墙及炮楼。

每个宅院可根据宅基地的宽窄深浅，灵活地调整进深及开间数；开间数少，进数多，适合宽度小而深度大的基地；开间数多进数小，则适合宽度大而深度浅的基地。还有一种形式称“三排九”，即三座三进（或更多进）的宅院，通常中座各进以金柱承重无隔墙，三间合一，形成主厅堂。

图 2-3　院落式民居——武魁村——灵山县太平镇那福继

广西沿海传统宅第是以砖木结构为主的体系。“开间”的左右扩展形成“进”，“进”通过纵深发展并四面围合成“院”，“院”的纵横扩展构成建筑群落。通过中轴线上院落的形状、尺度、地面高度，以及建筑形体的变化，表达出庭院建筑空间的内外层次，区分出庭院建筑的规模等级，形成由外到内、由公共空间到私密空间的层次过渡。

现还保存完好的广西沿海传统宅第约有71处，有代表性的宅第有：

（1）刘永福故居，建于清光绪十七年（1891年），位于钦州市板桂街10号，建筑面积5600多平方米，院落式传统民居，大小楼房119间。三进五开间院落，有头门、二门、仓库、书房、伙房、佣人房、马房、碉楼等附属建筑。

（2）冯子材故居，建于光绪元年（1875年），位于钦州市钦州镇白水塘村，建筑面积2020平方米，“三排九”传统民居，院落式布局，坐北朝南，共3排9座27间。

（3）灵山佛子镇大芦村建筑群，建于1546—1826年，位于灵山县佛子镇大芦村，建筑面积22万平方米；属院落式传统民居，有9个明清时期岭南建筑风格群落，有300多副明、清时期创作的传世楹联。

（4）浦北小江镇余屋村建筑群，建于嘉庆年间（1796年），位于浦北县小江镇长田村委余屋村，建筑面积5000多平方米；岭南建筑风格，硬山风火墙构造，墙头高出屋面逾3米，灰塑精美，两侧风火墙设计对称，形同锅耳。

图2-4　客家围屋民居——浦北县寨圩镇土东西翰村

（5）防城大菉镇那厚村建筑群，建于清末[道光六年（1826年）建村]，位于防城港市防城区大菉镇那厚村，约3200平方米；属院落式围屋民居，砖木结构悬山顶，青瓦屋面，石头基础，墙体下部用青砖、上部用土坯砖砌筑，围屋四角设有碉楼。

3. 客家围屋民居

在不断迁徙的过程中，为了更好地在新移居地生存下来，客家人往往有很强的自我保护意识，崇宗敬祖、聚族而居是客家族群的特点，而客家民居的最大特色是围屋建筑。几户甚至几十户的同宗居民聚居在一起，在房屋群的四周建起高大的防护墙，墙上往往有向外嘹望、防卫的枪眼，院内建有晒场、公共祠堂等设施。住户各自独立成院，自成一体。主要代表有社边坡赖氏围屋、福禄刘氏围屋、曲樟曲木陈氏围屋、寨圩栏门覃宅、寨圩土东西翰村古民居、小江新南村委大罗坪宋氏祖屋。

（二）西式洋楼建筑民居

鸦片战争后，特别是中法战争后，受到近代西方政治、经济、文化的影响，加之建筑材料的发展和工程技术的进步，广西沿海地区很快便出现了西式洋房、商街骑楼等建筑式样。光绪二年（1876 年）中英《烟台条约》签订，北海被辟为对外通商的口岸。英、德、法等七国先后在北海建立了海关、领事馆、洋行、教会、学校等西式建筑，随后在钦州、合浦等地也出现了一批西式洋房建筑。

图 2–5　西方式民居——浦北县福旺镇莞塘吴斗星故居

“总计北海大小洋楼，共二十二座”。税务司公馆（已毁）和海关大楼建于光绪九年（1883年），英国领事馆建于光绪十一年（1885年），法国领事馆建于光绪十三年（1887年）。在北海现存有15幢西洋建筑，分别是：原英国领事馆旧址（建于1885年）、德国领事馆旧址（建于1905年）、法国领事馆旧址（建于1887年，现为北海市迎宾馆）、德国森宝洋行旧址（建于1891年）、北海海关大楼旧址（建于1878年）、德国信义会教会楼旧址（建于1900年，现在北海市公安局内）、普仁医院旧址（建于1886年，现位于北海市人民医院内）、贞德女子学校旧址（建于1890年，现位于北海市人民医院内）、会吏长楼旧址（建于1905年）、女修道院旧址（建于1925年，现为北海市机关幼儿园）、主教府楼旧址（建于1934—1935年，又称红楼）、双孖楼旧址（北海海洋附属建筑）、大清北海邮政分局旧址、涠洲天主教堂旧址（建于1869年）和涠洲岛城仔教堂旧址（建于1880年）。受这些西式洋房建筑的影响，广西沿海地区在19世纪末到20世纪40年代末出现了一批由私人兴建的西式洋楼。

西洋式建筑主要是券柱式或券廊式建筑。该类建筑以石头、砖、混凝土为主要建筑材料，采用西洋建筑的券拱结构，借助数的组合和几何形状塑造建筑的形体。利用雕刻线条及浮雕装饰。

西式洋房是具西式风格的独栋小洋楼。自19世纪中期起，为中国东南沿海对外开埠一带上流阶层所专属，采用西方的建筑形式和新的工程技术、新型建筑材料（钢筋混凝土）所建造的住宅，是西洋文明和生活方式与中国文化交织的产物。这些洋房一般为二至三层，用券拱结构和外廊式样，四面或三面临空，常带花园。

位于广西东兴市的陈济棠故居为法式两层别墅，主体建筑楼群分主楼和副楼，两楼中间用弧形的天桥连接。青砖清水墙，纯白法式装饰线。平顶、钢筋混凝土结构。占地面积达8680平方米，建筑面积2800平方米，花园面积达3000平方米。

钦州市钦南区龙门港镇东南小山坡上的申葆藩故居，建于民国八年（1919年），占地面积2000多平方米，建筑面积1000多平方米。整栋楼房为钢筋水泥结构，平面略呈方形，外廊式三层小洋楼，每层正面中间均有半月形阳台，楼顶四角设有炮楼。

（三）中西合璧建筑民居

中西合璧建筑在广西沿海地区的出现始自1876年北海开埠后。随着西方建筑文化的传入，多种建筑形式与技术的互学促进，开始出现在同一建筑物中拼接整合、杂糅多种文化元素的情况。它首先在 20 世纪 20—30 年代的商业街区中成片出现，是西式建筑风格与中国传统特色建筑元素融合的产物，是广西沿海民居建筑多元文化交叠的体现。中西合璧建筑表现出东西学互渐、建筑构件拼接的特点，呈现出“西皮中骨”“西体中顶”的特殊建筑式样。

骑楼是一种近代城镇沿街商住建筑，一种典型的外廊式建筑，上楼下廊。骑楼下廊（即人行道）遮阳又防雨，既是居室（或店面）的外廊，又是室内外的过渡空间。这种建筑形式可以挡避风雨侵袭及炎阳照射，形成凉爽的环境。骑楼是中国东南沿海城镇特有的欧亚风格结合的南洋风情建筑。

骑楼连廊连柱，立面统一，连续完整，冲破了居家单门独户的束缚，变成商街的共享空间。骑楼体现出中西合璧、多元共存的独特风貌。骑楼廊下的生活气

图 2-6　中西合璧建筑——浦北县龙门镇平洞村谢宅

息浓郁，人们在廊下品茗、聊天、纳凉、会客、交流信息，还有小孩做作业、玩耍等。

北海珠海路骑楼建筑是其杰出的代表。珠海路临街两边骑楼建筑的窗户采用了西洋建筑的券拱结构（即窗户顶端是半圆拱或尖拱，亦即同心圆拱或双心尖拱），这些窗户的外券拱框沿有雕饰线。柱子的顶端也有雕饰线(又称“线脚”)，它位于券拱末端与柱子顶端的连接处，起着既分隔又联系的过渡衔接作用。这些雕饰线工艺精美，曲直流畅，颇具立体感。外墙面的顶部都有着风格、式样各异的装饰和浮雕。骑楼建筑的内外墙面，全部使用纸筋白灰批抹，使整个建筑群呈现洁白典雅的情调。

图 2-7　中西合璧建筑——灵山县檀圩镇龙窟塘

图 2-8　北海珠海路老街

防城区那良古镇现存的法式民居，既吸收部分南洋建筑的结构形式，又根据当地建筑功能需要而进行大胆的改良。建筑沿街立面一般为三开间、三层式，一层为骑楼式门面，二、三层为西式造型的带柱外廊。整个立面的檐部、女儿墙、山花等，既有中国古典图案的细部装饰，又有亚热带风情的浮雕、圆拱等西方建筑艺术造型。建筑格局则是典型的三进三天井中式建筑布局，有传统的堂屋、过厅、祠堂。

在建造住宅时，人们通常采用屋前加走廊的形式。首先可以挡避炎热，营造出相对凉爽的环境。第二具有西洋气息，增加建筑的时尚感。这种建筑形式，也影响了不少的乡村民居。如防城区茅岭乡茅岭粮所内的凤池堂、灵山檀圩镇龙窟塘古民居、浦北龙门镇平垌谢宅、防城区茅岭乡大陶村红旗组邓本殷旧居、浦北县福旺镇莞塘村吴斗星故居、钦南区那彭镇六湖村张锡光旧居、贵台镇那统村张瑞贵故居等。

浦北兰门覃宅，建于民国三十六年（1937 年），是中国传统围屋，正座为四坡屋顶，前后两坡相交，形成横向正脊，左右两坡与前后相交，形成自正脊两端斜向延伸到四个屋角的四条垂脊，形成屋面的四坡五脊，颇似庑殿顶，脊、瓦

图 2-9 防城区那良古镇

面是欧洲的形式。正座的一、二楼中间开间是中式厅堂，但厅堂两侧的房打破了正房的古制，而以套房的形式出现。每层的四周为半圆拱券走廊，明显是参考了西洋外廊式建筑的形式。

合浦白沙镇的林翼中旧居，是 1931—1948 年间创建的中西合璧式客家围屋乡居，共有6座三层高的碉楼；大院内东侧高墙、碉楼隔出主人区，依次为门楼、平房、影壁、水井、走廊、主楼、四合院、更房；门楼高二层，主楼高三层，西式风格为主，砖混结构；其余均为一层，传统建筑风格为主。

图 2-10　屋前加走廊——防城区茅岭粮所内的凤池堂（防城港市第三次文物普查工作队资料）

防城区陈树坤旧居仿西洋风格三层楼房，平面呈“凸”字形，南面明间开正门，置硬木拖笼门和板门，门前出二层门楼上下均置四根圆形罗马柱。室内重门，为二柱三门，罗马柱及拱门的灰塑罗马线做工非常精细。

浦北石埇镇的香翰屏故居，分为增城子、嘉李园，分别始建于1936年、1929年，共有大小房屋116间，建筑面积5044平方米。增城子南门与北门是两栋对称的别墅式小洋楼，主体建筑为三进两厢的传统院落，正门设有横栊、直栊、板门二层防范设置。屋顶多为桥型塔式楼顶的设计，盖琉璃瓦，屋檐四周有圆形柱头。大圆柱、圆形门、半圆形阳台等西式建筑风格在故居内随处可见，如增城子天井旁的5条圆柱，嘉李园内的“松虞居”“橄榄居”、画云阁的屋檐均由圆形柱支撑。主楼一楼由圆形门进入，每个客厅前均有一个半圆形大阳台。

建于民国的廉州镇槐园，主楼是一栋砖木、钢筋砼混合结构的四层楼房，一层、二层采用欧洲古典风格。三层左右对称布置的是两间中国传统风格的硬山式琉璃瓦顶平房。四层前为西式八角穹窿顶凉亭，后为中式砖木结构重檐四角攒

图 2-11　合浦花楼

尖、琉璃瓦顶亭阁糅合，并列于建筑中轴线。槐园，俗称“花楼”，为一处规模宏大的庭园别墅式建筑群，有高耸的青砖围墙和碉楼等。现存的庭园建筑占地面积 5000 多平方米，建筑布局自东至西沿中轴线排列，依次由池塘拱桥、门楼、庭院鱼池、主楼、后罩房以及南侧的厢房（原有北厢房缺失）、四周的园林等构成。

槐园的营造，离不开从香港、广州引进的西方建筑技术和先进材料，如钢筋水泥结构的梁、柱、楼板，彩色花纹玻璃窗、水洗石米的外墙面，水磨石米和纹饰丰富、色彩鲜艳的防水花阶砖、瓷砖、马赛克的地面等。对于研究广西沿海地带早期受西方建筑文化的影响，近现代建筑的发展和人文文化，是不可多得的实物资料。

图 2-12　双龙戏珠——合浦县公馆镇陂塍村彭氏祖祠（文魁）

三、广西沿海古民居的建筑特点

（一）建筑类型的多样性

广西沿海各地的古民居大体分为广府院落建筑、传统楼阁建筑、客家围屋建筑、庄园洋房建筑、商街骑楼建筑、干栏建筑等形制。广西沿海如此丰富的民居类型，表现出以移民为主、多民族杂居的广西沿海地区多文化交叠的特点。

广西沿海多样性的建筑形式与中原汉人的南迁、客家人的迁徙进程密切相连，与广西沿海地区人民对域外文化展开的开阔胸怀息息相关。适应族群生存空间与社会环境的被动改变，迁移到广西沿海的移民把各地的建筑风格移至迁移地，体现了移民文化的开拓特性；在开展商贸交往的过程中，他们又以开放、务实的姿态包容不同文化，与各种不同类型的文化发生交汇与碰撞，使广西海洋建筑文化更具多样性。随着海外交往和贸易的发展，众多的域外建筑文化在广西沿海地区出现，建筑文化的多元或异变发展同时共存，于是便有了西洋式建筑、南洋骑楼建筑等，广西沿海建筑文化的开放、包容特征也更加突显。

（二）建筑文化的海洋性

广西沿海古建筑多在房顶、大门墙顶、门厅或厅堂的墙上方雕以具有一定寓意的装饰纹样，这些装饰图案除了带有中国传统的龙凤、松鹤、荷花、莲藕、回纹圈绳、福禄寿、松梅竹等元素，还增加了西式的藤蔓飘带、浮雕花饰等，更特别的是有些纹饰还带有当地百姓敬海、爱海的美好追求，如：珍珠、大海、草龙等纹饰。此外还有“八仙过海”“张羽煮海”“一帆风顺”等图饰。

图 2-13　屋脊“旭日东升”——合浦县山口镇永安村南庙

为了适应海洋性气候，广西沿海地区的建筑在尺度上做出相应改变，房子趋矮小化是该地现存古建筑的普遍现象。如合浦县山口镇永安村、营盘镇白龙珍珠城等近海村庄现存的一批民居矮屋，防城港市东兴市江平镇京族三岛也现存一些矮“干栏式”建筑。

广西沿海地区闷热潮湿、夏季风多发，降雨量大、虫害（白蚁）容易生长，给房屋的安全防护造成不少困扰。在与自然环境斗争的实践中，广西沿海人民以务实的态度打破成规，因地制宜实施民居部件尺度的增减，富有成效地解决建筑的安全问题。

在长期的耕海中，广西沿海人民热爱海洋、敬畏海洋、依赖海洋，体现在建筑装饰方面则是钟情于海洋元素，表现了对海洋依赖与敬畏的文化特性。

图 2-14　位于广西钦州钦南区龙门港镇的蚝壳墙民居建筑

（三）建筑材料的乡土性

广西沿海日照时间长，高温、多雨、潮湿。故在建筑方面，人们注重通风、遮阳、隔热、防潮，逐渐形成了轻巧通透、朴实自然的务实建筑风格。人们讲究建筑空间的实用性，在长期的建筑历史进程中，广西沿海人民因地制宜、就地取材，创新地利用如红条石、红粘土、蚝（蚌）壳、贝灰、竹（瓦）、海草等海洋、海边的乡土材料，来营造宜居的乡土特色民居建筑。

蚝壳墙是广西沿海民居建筑的一个特色，现钦州市老城区内占鳌街、板桂街、进步一巷还有零星分散遗存，钦南区龙门港老街有大片集中遗存。广西沿海盛产大蚝，蚝壳材料丰富。当地百姓用稍大点的蚝壳、蚌壳等当作毛石块，和上贝灰沙浆或泥浆砌墙。蚝壳边角锋利、凹凸不平，若有人贸然翻墙入院，手脚必被割伤，因此兼具防盗功能。

图 2-15　珍珠贝和土夯的墙——北海营盘镇白龙村

石条房是广西沿海民居建筑的又一特色，现防城港市东兴市江平镇竹山村、万尾村、山心村、巫头村和港口区企沙渔村，钦州市钦南区犀牛脚镇、东场镇、龙门港镇沿海渔村都有遗存。沿海地区有一种地质断裂红沙岩，当地人称“红石”，此石质地硬中带软，容易加工，且其原始型常俱相对均匀的方体形态。沿海居民就地取材，稍作加工，便利用它来建房。石条型材各家各户的标准不尽相同，但有一个长石条采料参考标准：每块石条长 75 厘米，厚 25 厘米，高 20 厘米，这个标准利于人工搬运。

图 2-16　石条房——东兴市江平镇瀛尾村

（四）建筑文化的融合性

由于广西沿海地区特殊的地缘关系，形成了包括汉、壮、京、瑶、么佬、苗等多民族杂居之地。面对共同的恶劣自然气候环境，各民族相互学习建筑技术，以改善居住的环境条件。

北方汉族迁徙南下带来了先进的中原文化，并吸取了周围地区的文化，如粤闽文化、海外文化，使广西沿海古民居建筑有着开放吸纳、多元融合的文化特性。

广西沿海位于热带与亚热带交接处，多变的气候孕育了人们灵活、开放、外向的性格。自古以来，广西沿海是中外交流的海上丝绸之路的始发地区，各类异质文化在此交流与碰撞，骆越土著文化、中原汉文化和海外建筑文化相互交汇，各种建筑思想得以相互影响和渗透，逐步产生新的文化，并融入了当地的建筑中，形成多元融合的广西沿海建筑文化。这不仅反映在建筑思想、建筑布局上，而且在建筑造型、建筑技术上也有体现。

图 2–17　北海珠海路老街

1. 建筑风格上的融合呈现出“西皮中骨”“西体中顶”的特点

中西合璧建筑在广西沿海地区的出现始自 1876 年北海开埠后，在 20 世纪 20—30 年代形成的商业街区中成规模地出现，它是西式建筑风格与中国传统特色建筑元素融合的产物。无论其是以“西皮中骨”的形式出现，还是以“西体中顶”的形式出现，都体现了广西海洋文化所具有的融合性。如北海中山路、珠海路沿街建筑风格是在传统岭南建筑（平面布局，建筑结构）的基础上，于其外增墙加上流行的仿欧装饰符号，主要用于女儿墙、阳台、窗拱券等。防城区那良古镇现存的法式民居，既吸收部分南洋建筑的结构形式，又根据当地建筑功能需要进行大胆的改良。浦北兰门覃宅是中国传统围屋，但厅堂两侧的房打破了正房的古制，而以套房的形式出现。每层的四周为圆拱券走廊，明显参考了西洋外廊式建筑的形式。防城区陈树坤旧居仿西洋风格三层楼房，罗马柱及拱门的灰塑罗马线做工非常精细。以上这些均属典型的“西皮中骨”建筑。而在“西体中顶”方面，上文提到的廉州镇槐园、浦北龙门镇平垌谢宅、浦北石埇镇的香翰屏故居均为典型代表。

2. 建筑技术的东西学互渐

随着西方建筑文化的传入，中外建筑形式与技术的互学促进，在一些民居中，常体现出建筑的某些构件形式、材料及制作技术受他人影响，与外来建筑文化交流、融合的特点。如灵山旧州张高张氏古宅、浦北六新龙安塘宋氏老屋、浦北小江镇平马村伯玉公祠，参照了近代国外的建筑技术和形式，结合中国古代墙夹承重木柱的做法，用青砖柱夹生土砖改进承重结构，青砖柱结构起承重作用，即使生土砖被取下房屋也不会倒塌。

3. 建筑构件的拿来拼接

洋为中用，能为我所用者，均尽其所能。虽然有时不那么协调，甚至奇形怪状，却显建筑之精华。有百年历史的灵山檀圩镇龙窟塘古民居、浦北龙门镇平垌谢宅，整体呈现传统中式风格，但宅内处处见欧式券廊和柱子。位于钦州市灵山县新圩镇萍塘村的“榨油屋”小洋房是在法式长廊包围中的中式厢房。建于 1930 年前后的防城区茅岭乡茅岭粮所内的凤池堂，是上下二进、左右各一耳房的传统宅院，为青砖、瓦木结构，但住宅面前增加了欧柱券廊的装饰，完全照搬商街骑楼的立面模样，外增立墙上还有流行的仿欧装饰符号。

另外，花形地板釉面砖、彩色玻璃和西式琉璃瓦等异域建筑材料，在广西沿海古民居建筑中有不少的应用。

3 建宅造院

JIAN ZHAI ZAO YUAN

广西沿海古民居丰富的建筑材料和构建技术

一、广西沿海传统民居的建筑材料

（一）墙体建筑材料

1. 三合土

三合土，顾名思义，是三种材料经过配制、夯实而得的一种建筑材料。明代，有石灰、陶粉和碎石组成的“三合土”；清代，有石灰、黏土和细砂组成的“三合土”，也有石灰、炉渣和砂子组成的“三合土”。清代《宫式石桥做法》一书中对“三合土”的配备作了说明：“灰土即石灰与黄土之混合，或谓三合土”；“灰土按四六掺合，石灰四成，黄土六成”。

图 3–1　三合土——合浦县曲樟乡陈氏围屋

广西沿海地区存在大量的“亚粘土”，俗称“黄土”“红土”，筑墙的“三合土”的材料是黄土、石灰和河沙三者的混合物，熟石灰一般占 30%，泥土的含沙量多，则沙的量减少。而三合土调配时的干湿度，应为用手捏可以成团状、用手揉又会散开为适。乡土建筑的墙体，有许多是这类“三合土”的夯土墙（图 3–1）。

图3–2　三合土——合浦县营盘镇白龙珍珠城城墙

广西海岸带地区的百姓创新地利用沿海土坡盛产的泥（或灰沙）、贝灰与贝壳拌和夯筑成“三合土”墙（图 3–2），坚固耐用。贝壳对沿海居民来说是最易取得的材料，所以通常被用于炼制成灰取代石灰，或代替小石子作建筑材料。

版筑夯土墙是以木板作模，内填粘土（黄土、红土）和石灰，层层用夯杵夯打密实而修筑成的墙。为了增强墙体的抗裂性，人们还常常用经浸水处理的竹片、木条做布筋加固。这种做法也叫加筋夯土墙。

2. 砖

砌墙用的砖有熟砖和生砖两种。熟砖是烧结粘土砖，有青砖、红砖之分。广西沿海地区古民居中用青砖的占绝大多数，用红砖的较少，北海部分西洋建筑及白沙镇林翼中故居为特例（图 3–3）。

图 3–3　红砖——林翼中故居（合浦白沙）

熟砖，选择红色、黄色粘土，以粘而不散，土质细而无沙的为最合适。把水浇在松开的泥上，赶几头牛去践踏成稠泥，如此反复炼泥，泥不沾手便可造砖，把泥填满砖斗（木模子），用铁线弓削平表面，脱模就成了砖坯。砖坯做好后就可装窑，烧砖用柴薪窑，或用煤炭窑。用柴烧成的砖呈青灰色，用煤烧成的砖呈浅白色。柴薪窑顶上有出烟孔，当火候已足而不再烧柴时，就用泥封住出烟孔。焙烧时，如果火力少 1 两，砖就没有光泽；火力少 3 两，就烧成嫩火砖，现出坯土原色，日后经霜冒雪，立即松散，变回泥土；如果过火 1 两，砖面就会有裂纹；过火 3 两，砖形就会收缩而拆裂，或弯曲不直，一敲就碎，不适于砌墙。会使用材料的人则把它埋在地里做墙脚。

图 3-4　青砖——浦北县小江镇新南村委大罗坪村

使砖变成青灰色的方法是在窑顶作一水池，水从土层渗透下来，与窑内的火相互作用，红砖会窑变为青灰色。借助水火的配合，青砖就比红砖坚实耐用（图 3-4）。

广西沿海地区古民居中的青砖墙主要有“实心砖墙”和“空心砖墙”两种砌法。实心砖墙是用眠砖（卧着砌的砖）严实叠砌上去，不惜工本。会精打细算的居民为了节省工本，在一层眠砖上面砌两条侧砖，中空间用泥土瓦砾之类填满，这是空心砖墙的做法。

清水墙，是砖墙外墙面砌成后，只需要勾缝，即成为成品，不需要外墙面装饰。清水砌筑砖墙，对砖的要求极高。首先砖的质地不要过硬，大小要均匀，棱角要分明，色泽要有质感，所用之砖需磨平磨边处理。砌筑工艺十分讲究，灰缝要一致，应随砌随勾缝清理，保证墙面不被砌筑砂浆所污染。阴阳角要锯砖磨边，转角要严密和有美感。

砌筑清水墙时，如砖均匀度、平整度不够，工艺水平不足，易造成灰缝大小不一致。应对的补救办法是这样的：用烟囱油灰和石灰泥（细沙灰浆）调制勾缝灰膏，注意调整其颜色与墙砖相一致。先用勾缝灰膏刮满砖缝，然后重新勾出平直、均匀的砖缝即可（图 3–5）。

生砖，即土坯砖。选择土质细的红色、黄色粘土或水田里的泥，和上稻草等纤维材料，赶牛反复践踏炼泥。造砖时把泥填满砖斗（木模子），用铁线弓削平表面，脱模凉干就成了土坯砖。生砖可以直接用于砌墙（图 3–6）。

生砖墙的外露面常作批灰处理。用牛粪混合稻草成堆发酵后，加上木胶粉拌合成底灰材料。这种材料增强了底灰与土坯砖墙表面的粘结力，同时具有很好的抗裂性能（图 3–7）。然后，在底灰的基础上批面灰、刷白即可。

图 3–5　灰缝补救办法
——浦北县小江镇马长田村委刘屋（文昌阁）

图 3–6　生砖——浦北县官垌镇大岸村委新屋坡村

图 3–7　生砖墙的外露面批灰处理

图 3–8　毛料石——钦州市钦北区大寺镇南间村

3. 石

毛料石，由乱毛石略经加工而成，形状较乱毛石整齐，表面粗糙，外观大致平整的面砌作外露面。毛料石常用于砌筑基础、勒脚、墙身、挡土墙等（图 3–8）。

粗料石，是由人工开拆出的较规则的六面体石块，用来砌筑建筑物用的石料。其加工后的外形程度规则。叠砌面和接砌面的表面凹入深度不大于 20 毫米；外露面及相接周边的表面凹入深度不大于 20 毫米；按形状可分为：条石、方石及拱石（图 3–9）。

粗料石主要应用于建筑物的基础、勒脚、墙体部位。

细料石，通过细加工，使叠砌面、接砌面、外露面及相接周边的表面工整。

灵山县石塘镇苏村古民居，已有一百多年的历史，该建筑群主屋为三座三进，层高为两层，门框及门槛全部用雕花长石条构成，墙为石灰石条及水磨青砖砌筑，墙厚达 80 厘米。令人惊叹的是石条的加工及砌法：石条的加工采用精密磨制法，外露面磨得相当平整，而上下面（叠砌面）则磨制成具有一定的弧线曲面；石条

图 3-9 粗料石——钦北区黄屋屯屯西村

墙采用仿“空心砖墙”砌法，其上下石条凹凸弧度刚好丝丝入扣，有效防止石条的松动、墙体的开裂。外露面不用灰浆勾缝，内空斗则用沙浆填满（图 3-10）。

图 3-10 细料石——灵山县石塘镇苏村

图 3–11　蚝壳墙——钦州占鳌街民居

4. 蚝壳

蚝壳墙，是广西沿海地区乡土建筑的一大特色，现钦州市区老街、钦州龙门港老街都有遗存。当地百姓用稍大点的蚝壳、蚌壳等当作毛石块，和上贝灰沙浆或泥浆砌墙（图 3–11，3–12）。蚝壳边角锋利、凹凸不平，若有人冒然翻蚝壳墙入院，手脚必被割伤，故具有防盗功能。另外，沿海居民养蚝、吃蚝都较为普遍，蚝壳材料丰富。

图 3–12　蚝壳墙——钦州市潘屋塘李宅

5. 其他

挂水墙。以木条、竹条按一定的横竖间距，绑扎为骨架。然后以稻草等纤维材料和上烂泥，从下往上排排挂上骨架，泥干即成。

木板墙。以木板拼装成墙，木板多采用杉木料（图 3–13）。

竹篱墙。以竹片编篱，批上稻草浆拌合烂泥、石灰而成的浆灰材料。这种材料具有很好的粘结力和抗裂性（图 3–14）。

图 3–13　木板墙——钦州五马路许宅

图 3–14　竹篱墙
——合浦曲樟乡璋嘉村委老屋村

（二）屋顶建筑材料

1. 青瓦

选择土质细、无沙的红色、黄色粘土或水田里的泥，赶牛反复践踏炼泥至熟。造瓦时把熟泥填满瓦模子，用铁线弦弓向泥墩平拉，割出一片瓦厚的陶泥，像揭纸张那样把它揭起来，包在圆拱的底托上。等它稍干，脱模出来，自然成生瓦坯。瓦的大小视进深及流水量有所分别，屋顶上的瓦沟，必须用最大的所谓“沟瓦”，才能承受久雨而不溢漏。瓦坯造成并干燥之后，堆砌在窑内，用柴火烧。在窑顶浇水使瓦片转色的方法跟烧青砖一样（图 3–16）。

瓦之仰置相叠连接成沟者，称沟瓦（底瓦、仰瓦、母瓦）；复于两底瓦上者称盖瓦（覆瓦、筒瓦、公瓦）。垂在檐端的称“滴水”瓦，用在屋脊两边的称“云瓦”，覆盖屋脊的称“抱同”瓦。

铺瓦之法：底瓦须大头向上，盖瓦须大头向下，便于流水。底瓦于檐口处置滴水瓦，盖瓦则置花边。筒瓦则连有圆片之钩头瓦，即古之瓦当。滴水瓦下端连有下垂之尖圆形瓦片，以便滴水。花边下端连 2 寸余（约 6.7 厘米）之边缘以封护瓦端空隙。

筑脊之法：随各建筑形式而异，有斜瓦平铺、竖瓦立排、横砖砌筑、筑灰雕塑等方法。

图 3-15　红瓦——北海市海城区高德街道赤西村陈氏祠堂

图 3-16　青瓦——灵山县佛子镇大芦村

2.桁条与桷子

桁条（北方称檩子），古民宅用来挑起椽子，做成屋顶的横木，是房子的主要构件之一。桁条是承托屋顶椽子的木构件，有圆木桁和方木桁之分。

图 3–17　桁条与桷子
——灵山县烟墩镇六加苏氏古宅（参军第）

桁条的制作：画线弹线、去荒、刨光、找圆后，用分杖杆点出中至中的长度，然后依迎头十字中线在桁（檩）上下皮按桁（檩）径的 3/10 均分出金盘线宽度，弹上顺身金线，信线刮出上下两个平面，复弹上顺身中线。桁身四面中线弹上之后，在桁一端，画上榫，另一端画上卯口。按习惯作法：座北朝南的房屋，榫应做在冲东方向的一端，卯应做在冲西方向一端。也就是习惯上的“冲东不冲西”“晒公不晒母”。而座西朝东的房屋，则应“冲南不冲北”了。榫均做成银锭榫，榫的长度均为桁径的 3/10。两端除做样卯外，还要按桁（檩）径的 1/4 进行刻半，即匠师们俗称的“二盘檩”。刻半做法是：第一步，画出刻半线。依迎头十字中线的横线向桁（檩）顺身返点画刻半长度，再用角尺对准左右顺身中线，勾画出刻半线，然后用锯锯掉刻半部分。第二步，将盘完头刻半后的桁支起摆正，按规矩尺寸画出两端银锭榫卯，再用锯凿剔榫和卯口。

桷子，瓦屋修建中的承重木料。桷子一般厚 1 至 1.5 厘米，宽 12 厘米左右，长若干，桷子固定于桁条之上（桷子与檩子垂直，桷子间间隔适当小于瓦的宽度），瓦则一正一反铺于桷子上。

（三）地基地面建筑材料

1. 石材

由人工开拆出的较规则的石块，通过细加工，使地面石材的底面、外露面及相接周边的表面工整。

地面石料的型材种类繁多，主要有：

金边：上衬石的外边。具体来说就是指土衬石宽出台基的部分。这部分有2到3寸（约6.7—10厘米）。这个3寸（10厘米）的土衬石的边，就叫做“金边”。

压阑石：也就是阶条。“压阑石”是宋式叫法，宋代规定压阑石的尺寸是“长三尺，广二尺，厚六寸”。

砚窝石：台阶中踏跺的最下一级。砚窝石比地面高出约1到2寸（约3.3—6.7厘米），而与台基下的土衬石齐平。

3-18 石材——合浦县山口镇永安大士阁

回水：在四面带廊的建筑物中，其台基四周处在柱中线以外的部分，即下檐出应当等于其上屋檐突出部分的4/5。也就是说台基应比屋梢伸减少1/5，这减少的1/5部分，就叫做“回水”。

踏跺：是台阶中间砌置的一级一级的阶石，因为是人脚登阶时踩踏的地方，所以也称“踏道”。

槛垫石：垫在门槛下面的条石。它的上皮与地面或是台基表面平齐，放置的方向与建筑的面阔方向一致，即从建筑正面看它是横置。

斗板石：是位于台基的土衬石之上阶条石之下，在左右角柱之间所铺砌的石构件。斗板石一般是用石料砌筑，但是如果没有可用的石料，也可以用砖代替。斗板石也称为“陡板石”。

土衬石：在台基露明部分的下面平行着垫一层石板，石板的上皮比地面高出约1到2寸（约3.3—6.7厘米），这块石板就叫做“土衬石”。土衬石也就是衬在台基与地面之间的石板。

阶条石：台基四周沿着台边平铺的石件叫做“阶条石”。一般为长方形，阶条石主要是依其形而命名。而依其位置命名又叫做“压面石”，因其是压在台基

图 3–19　石材——灵山县烟墩镇茅针田氏古宅

图 3–20　铺地方砖——合浦县山口镇永安大士阁

边缘表面上的石件。

垂带石：是台阶踏跺两侧随着阶梯坡度倾斜而下的部分。多由一块规整的、表面平滑的长形石板砌成。

2. 铺地方砖

铺地方砖（图 3–20）是把泥放入木方框中，上铺平板，由两人站在平板上踩转把泥压实，脱模就成了砖坯，凉干烧成后用。铺设地面时先用方砖的两砖面贴合，相互摩擦使砖面平整；然后斫去四边，用曲尺校正方正；斫四个侧面使下棱收入一分。铺设地面砖，如果立柱中间的方长为 1 丈（约 3.3 米）的，地面中心高出 2 分（约 0.67 厘米），方长为 3 丈（10 米）的则高出 3 分（1 厘米）。

（四）梁柱构架建筑材料

1. 木材

梁柱构架所用木材通常是楠木、铁木、格木、扫把木、杉木、红椎木、梢木等（图 3–21）。

梁，架在墙上或柱子上支撑房顶的横木，泛指水平方向的长条形承重构件。梁是古建筑主要的承重构件之一，一般

图 3–21　木材——灵山县佛子镇大庐村

安置在建筑物的进深方向（从前檐到后檐）。

梁按照形状来分有直梁和月梁两种，按视线所及区分，可分为明袱、草袱两种。直梁的外观平直，月梁则是经过艺术加工的梁。梁袱在平拱以下或者视线所能及的就是明袱，而在平拱以上不能看见的就是草袱，明袱加工精细，草袱加工比较粗糙。殿堂明袱只承平棋，不承屋顶的负荷，而屋顶的荷载就只能由草袱来承担了。月梁用于明袱，它的特点是梁身拱起，在梁的两端，各在梁底、梁背、梁肩做卷杀，梁身两侧及底面有琴面，梁头成斜顶与材同宽。

柱是工程结构中主要承受梁、桁架、楼板等压力，有时也同时承受弯矩的竖向杆件。柱是竖向支撑屋顶重量的构件，柱的断面形式主要呈圆形。有的柱装饰性较强，雕有龙云、花鸟等纹饰。

柱因其所在位置的不同而有不同的名称。在建筑物最外边的柱子为檐柱，在前檐的叫前檐柱，在后檐的为后檐柱，在转角的为角檐柱，在檐柱以内的为金柱，距檐柱近的为外金柱，距檐柱远的为里金柱，在建筑中线之上而不在山墙内的为中柱，也叫做脊柱，在山墙内的为山柱。立在横梁上其下端不着地的称为童柱或者瓜柱，不同位置的瓜柱又分为脊瓜柱、金瓜柱、交金瓜柱。部分为了加强瓜柱的稳定性，在其下段的剔槽安置角背以卡住瓜柱，称为带角背的瓜柱；有的瓜柱高度小于其横向长度，称为柁墩，安置在顺扒梁上的柁墩为交金墩；还有雷公柱、草架柱、垂莲柱等。在楼阁建筑中有的用一根中柱贯通上、下两层称为通柱或者永定柱。檐、金柱分上下檐柱，上下金柱，也有将支撑上檐的金柱称为重檐金柱。

柱的构造做法有单柱、拼合柱等。一般柱直径上小下大有收分：圆柱子上、下两端直径是不相等的，除去瓜柱一类短柱外，一般是根部略粗，顶部略细，小式建筑收分的大小一般为柱高的 1/100。收分的做法使柱子既稳定又轻巧。为使柱子外轮廓线挺拔、优美、富有张力，有的柱头做卷杀，柱顶有榫头与梁枋等构件连接。柱脚有管脚榫与柱顶石相卯合，檐柱做侧脚、生起等。

2. 石材柱础

石材主要用来制作柱础，也用来制作柱子。

图 3-22　石材柱——灵山县烟墩镇茅针田氏古宅

柱础：建筑物所用木柱下垫的石墩叫“柱础”（图 3–23）。柱础的作用主要是承载与传递上部的负荷，并防止地面湿气对木柱的侵蚀。广西沿海地区因为多雨潮湿，所以柱础都用较高的石墩。

图 3–23　石材柱础——灵山县佛子镇大芦村

柱础在早期时常加工成古镜、覆盆等形式，其上有的饰有雕刻，有的是素作，后来经过不断的发展，柱础样式渐多。雕刻纹样也更多，有动物纹、莲花纹、龙纹、凤纹、鱼纹、水纹及其他花草纹等。除了有众多各式不同的花纹装饰，也有一些不加雕饰的柱础。

二、广西沿海传统民居的构造特征

广西沿海地区古建筑大都是以木构架为主要结构形式，梁架结构的构架形式最常见的是抬梁式、穿斗式、抬梁穿斗结合式，此外还有干栏式。建筑的规模大小、平面组合、外观形式都在很大程度上受到其结构类型与材料特性的制约。一般来说，采用抬梁式与穿斗式结构的民宅，是比较富有人家的房子。寻常百姓的房子通常是悬山无梁式构架，家境稍好点的通常是硬山无梁式构架。干栏式建筑主要分布在十万大山区域各少数民族居住区，现存数量极少。

（一）抬梁式构架

图 3–24　抬梁式构架——合浦县公馆镇陂塍村彭氏祖祠

抬梁式构架（图 3–24），又称“叠梁式构架”，是古建筑中最为普遍的木构架形式，它是在柱子上放梁、梁上放短柱、短柱上放短梁，层层叠落直至屋脊，各个梁头上再架桁条以承托椽子的形式。抬梁式结构复杂，要求加工细致，但结实牢固，经久耐用，且内部有较大的使用空间，同时，还能产生宏伟的气势，又可做出美观的造型。

广西沿海地区古民居中有金柱抬梁式构架、半墙抬梁式构架两种形式（图3–25，3–26）。

图 3–25　半墙抬梁式构架——浦北县福旺镇凤山村李宅

半墙抬梁式构架是一种无柱抬梁式构架，在前廊柱与金柱间、后廊柱与金柱间砌带拱门洞的承重墙到屋顶，前后墙间（原前后两金柱间）的上部保留抬梁式构架的形式。半墙抬梁式构架方式极大地节省了木材（特别是大型木料）的用量，又能保证内部有较大的使用空间。

图 3–26　半墙抬梁式构架——合浦南康三婆庙

（二）穿斗式构架

穿斗式构架的特点是柱子较细、密，每根柱子上顶一根桁条，柱与柱之间用方木串接，连成一个整体。采用穿斗式构架，可以用较小的材料建筑较大的房子，而且其网状的构造也很牢固。不过因为柱、枋较多，室内不能形成连通的大空间（图 3-27）。

图 3-27　穿斗式构架——钦州五马路许宅

（三）抬梁与穿斗式混合构架

当人们逐渐发现了抬梁式与穿斗式这两种结构各自的优点以后，就出现了将两者相结合使用的房屋，即两头靠山墙处用穿斗式木构架，而中间使用抬梁式木构架，这样既增加了室内使用空间，又不必全部使用大型木料（图 3-28）。

图 3-28　抬梁与穿斗式混合构架——钦州五马路许宅

（四）干栏式构架

干栏式木构架是先用柱子在底层做一高台，台上放梁、铺板，再于其上建房子。这种结构的房子高出地面，可以避免地面湿气的侵入。但是后期的干栏式木构架实际上是穿斗构架的形式，只不过建筑底层架空、不封闭而已。

（五）硬山无梁式构架

硬山无梁式构架，无梁无柱，桁条横跨左右两山墙墙头，屋顶有一条正脊和四条垂脊。这种屋顶造型的最大特点是简单、朴素，只有前后两面坡。硬山无梁式构架广泛地应用于广西沿海地区的住宅建筑中，是一种等级比较低的房屋构架形式，房屋的外墙体要求是熟砖砌筑。

图 3-29　硬山无梁式构架——灵山县旧州镇聚龙山村

图 3–30　悬山无梁式构架——浦北县官垌大岸村委新屋坡村

（六）悬山无梁式构架

悬山无梁式构架与硬山无梁式构架是一样的，无梁无柱，桁条横跨左右两山墙墙头。悬山式屋顶在山墙处不像硬山式屋顶那样与山墙平齐，而是伸出山墙之外。这部分伸出山墙之外的屋顶是由下面伸出的桁条（檩）承托的。所以悬山式屋顶不仅有前后出檐，在两侧山墙上也有出檐。悬山又称“挑山”，就是因为其桁（檩）挑于山墙之外而得名。悬山无梁式构架广泛地应用于广西沿海地区的住宅建筑中，也是一种等级比较低的房屋构架形式，房屋墙体通常是生砖砌筑或粘土版筑墙。

三、广西沿海传统民居的纵横扩展

广西沿海传统民居建筑是以砖木结构为主的体系，两缝梁架之间形成的一个建筑基本空间，称为“开间”，它是建筑组合的最基本的单元。若干开间组成一座建筑；若干座建筑按一定的次序排列，便形成了院落；若干院落相连便组合成了规模庞大的组群建筑。一座建筑开间的多少决定了建筑规模的大小，但其也受礼制的严格限制，以单体建筑的体量大小和在院中所居位置来区别尊卑内外。

（一）间及其左右扩展

广西沿海传统民居建筑之平面，或方或圆或八角或长方，但以长方形为多。其左右距离称宽，前后距离称深。就房屋宽面两柱间之宽乘深所得之面积称为开间。开间为计算房屋数量之单位。假如房屋三间，正中者称正间，两旁者为次间，间之宽称开间。数间相连，其统长称共开间。开间之深度称进深，数间之深度称共深。

开间的左右扩展是按单数增加的。

三开间房屋是单座建筑的最小构成。正中者称中间屋，通常作祖厅及老人住的地方，左间为屋主的卧室，右间是小孩的住房。

图 3–31　纵横扩展——浦北县乐民镇马朗村委马窦村覃汉大屋

五开间单座房屋的布局分两种形式：一是一厅两房，即中三开间连通为厅，左右各一房。二是一厅四房。

七开间单座房屋的布局分两种形式：一是一厅四房，即中三开间连通为厅，左右各二房。二是一厅六房。

九开间房屋是住宅单座建筑左右扩展的最大数，通常其布局为中三开间连通为厅，左右各一房，接着左右设两厅，外侧两端是房。

（二）进及其纵向扩展

住宅的院落有四合院、三合院、二合院、一合院四种基本形态。在纵轴线上的主建筑左右两侧，按照横轴线安排两座相对的辅助建筑，在主建筑对面建围墙，形成三合院（一进两廊）。如主建筑对面再建一座辅助建筑，形成的是四合院；主建筑对面建一座辅助建筑，左右两侧建围墙或走廊，形成的是二合院；只有主建筑，其他三面都是围墙的是一合院。

广西沿海传统民居的纵深扩展，就是以这些基本形态沿轴线纵向联合构建成多进院落。通过轴线上院落的形状、尺度、地面高度，以及建筑形体的变化，表达出庭院建筑空间的内外层次，区分出庭院建筑的规模等级，形成由外到内、由公共空间到私密空间的层次过渡。如果是把两个四合院沿轴线串联排列，就叫二进院。由此类推，三个四合院串联称三进院，多者可达五进六进。

这种依照纵轴线进行的多个院落的空间序列组合，一定意义上是建筑等级序列的排列。

（三）院及其横向扩展

广西沿海传统民居的横向扩展是院的基本形态沿轴线横向联合的构建。横向相邻的院子，在厢房位置开辟通道，有门相通，一般跨院对外不开门。

通过四合院的横向联合，形成多轴线的建筑群体。各个院落之间的尺度、比例以及围合院落的建筑形制、体量之间的差异形成对比，暗示院落之间的主从关系，形成含蓄的并列式组群建筑。

（四）阁与楼的空中发展

阁是房顶内夹层的空间楼是两层和两层以上的房屋，都是建筑物向空中发展增加房间数量的有效手段。这在四合院中形成地面垂直方向的深“天井”。

四、广西沿海西洋式古民居的建造

随着光绪二年（1876 年）中英《烟台条约》不平等条约签订，北海成为指定的对外通商口岸，西方列强纷至沓来。英国、德国、奥匈帝国、法国、意大利、葡萄牙、美国、比利时 8 个国家在北海设立了领事馆、教堂、医院、海关、洋行、女修院、育婴堂、学校等一系列机构，共建起了 16 座西洋建筑。自此，基于钢筋混凝土的建筑技术和近现代西方装饰艺术的西洋建筑形式被引入广西沿海地区，并得以立足和发展。

（一）广西沿海西洋式古民居的建筑材料

18 世纪工业革命之后，钢铁的应用得到了突飞猛进的发展。1872 年，世界第一座钢筋混凝土结构的建筑在美国纽约落成，人类建筑史上一个崭新的纪元从此开始。大部分广西沿海地区西洋式古民居应用了钢筋混凝土技术，其主要材料是钢筋、水泥和沙石。

（二）广西沿海西洋式古民居的建筑结构

广西沿海地区西洋式古民居引进了钢筋混凝土结构的构造方式，完全颠覆了中国传统建筑的砖木结构方式。钢筋混凝土浇制的楼板和梁替代了传统的木楼板和木梁，各种柱子更多的是用熟砖砌成。部分屋顶改为钢筋混凝土楼板的平顶（四周有女儿墙），也有些屋顶保留传统的瓦屋顶。

（三）广西沿海西洋式古民居的建筑布局

广西沿海地区西洋式古民居的建筑布局主要有两种形式：一是以小洋楼为代表的西洋柱廊式建筑布局。这些西式建筑形式之古民居通常是 1—3 层的外廊式建筑（有小部分是内廊式建筑），建筑每层周围都有回廊或半回廊。回廊步外墙拱券外沿和券柱顶端均有雕饰线脚，线脚富于变化，墙体结构层次清楚，具有立体感和较强的艺术效果。每层内部均设有会客厅和供休息的房间。二是以商街骑楼为代表的中国传统院落改良的建筑布局。这种建筑形式结合了欧陆建筑与东南亚地域风情特点，既吸收部分南洋建筑的结构形式，又根据当地建筑功能需要进行大胆改良。建筑沿街立面一般为三开间、三段式，一层为骑楼，二层与三层为柱廊阳台，采用了西欧风格的爱奥尼柱式装饰，既有装饰着中国古典图案的檐部、女儿墙、山花等细部，又有亚热带风情花繁叶茂的浮雕、圆拱，制作工艺精细考究，建筑立面效果整体端庄典雅而不失轻盈活泼。建筑平面布局则是典型的中式建筑，三进三天井，建筑内部有传统的堂屋、过厅、祠堂、屋顶，以适应中国人的习惯和中式生活方式。

（四）广西沿海西洋式古民居的营造理念

这些西洋式建筑外墙面层次变化丰富，具有立体感和较强的艺术效果。建筑物内部为了隔潮，避免潮气对人的影响，在一楼居住层下都做有通风透气、具有一定高度、起隔潮作用的地垅。地垅多用青砖砌筑，地面层用木板。台基、阶梯、墙角等均用打磨光滑的长方体花岗岩块砌成，墙体则用水泥和火候很高的火砖筑成。屋面一般为四面坡或两面坡的瓦顶，用火候较高的红色厚板瓦盖护，也有些为水泥平顶的。瓦檐口均有用铁片卷成的引水槽直通下水道。门、窗都有额盖板，它的下部前缘均刻有一道深深的凹槽，使雨水就此下滴，避免雨水沿着墙体下流或渗入墙内。门窗制作选料上乘、工艺讲究，大多使用百页门窗，可根据需要随时调节室内的光线和气温。建筑设施都较豪华，室内铺花瓷砖，设取暖用的壁炉。但这种源于欧洲的生活方式，与券廊式建筑所在地的气候特征有十分明显的矛盾。一方面，可以看出欧洲的西洋式建筑虽因殖民地气候特点而作了相当程度的适应性调整，但在细节上仍然固守了并不匹配的内部结构；另一方面，可见殖民者有意展示这种欧洲的生活方式，以表征其文化的“优越性”，反映出殖民者的奢华。

骑楼是商业发展的产物。商街骑楼的特点是把门廊扩大串通成沿街廊道。廊道上面是楼房，下面一边向街敞开，另一边是店面橱窗，顾客可以沿走廊自由选购商品，而楼上一般住人。骑楼可以避风雨、防日晒，特别适应岭南亚热带气候，骑楼内的店铺可以借用柱廊空间，敞开铺面、陈列商品以招徕顾客。

4

精工溢彩

JING GONG YI CAI

广西沿海古民居精巧的建筑装饰艺术

广西沿海地区古民居的装饰风格，主要是受汉文化的影响，特别是受广府民居建筑文化的影响最大、最直接。另外，闽粤客家建筑文化也对其产生不小的影响。

广西沿海地区古民居的装饰，一方面，有中国传统的程式化、图案化的内容和装饰方法，如装饰的题材大多具备吉祥、风雅、道德教化的内容。吉祥图案有动物纹（四灵之龙、凤、麒麟、龟，四兽之狮、虎、象、豹）、植物纹（岁寒三友之松、竹、梅，四君子之梅、兰、竹、菊）、自然纹（日月、山川、风云、岩石）、几何纹（六角、八角、圆、回纹）、文字（福、禄、寿、喜、人、丁、财、宝、卍）、人物（八仙、门神、四大金刚、寿星、童子）、器物（八宝之犀角杯、蕉叶、元宝、书、画、钱、灵芝、珠，道八宝之笆蕉扇、阴阳板、莲花、玉笛、葫芦、宝剑、荷花篮、渔鼓，佛八宝之法轮、法螺、宝伞、华盖、莲花、宝罐、

图 4-1　梁架——灵山县佛子镇大芦村

金鱼、盘长）等等。另一方面，当地民间匠师又在题材上创作、补充了大量在民间喜闻乐见，流传广泛的内容和图案，如合和如意、年年有余、富贵长寿、百子千孙等吉祥祈福图案和有趣的历史典故、神话传说和民间故事。这些传统的建筑装饰，图案造型优美，蕴含祈福内涵。通过谐音、引申、寓意等方式表达，不仅具有喜庆吉祥的含义，还具有丰富的哲理内涵。生动活泼的题材和表现手法，使建筑锦上添花，韵味无穷。置身其间，仿佛进入一个充满诗情画意的艺术殿堂。而大量的故事场景内容褒扬孝悌忠信、礼义廉耻的思想，叫人触景生情，以达到敬祖启后、尊老爱幼、修身齐家等道德教化之目的，在很大程度上强化了建筑的精神文化功能。

此外，人们祈求合家幸福，人财两旺的运气是普遍的现象，所以他们也常采用这些相应的装饰内容和形式来寄托那些美好的理想。

一、梁架——力量与装饰之合一美

图 4-2　梁架——灵山县佛子镇大芦村

梁架，用来支撑屋瓦面并获得更大的建筑空间，是古建筑中起承重功用的大木作构件（图 4–1，4–2）。主要运用卷杀和构件端部雕饰两种手法对其形状进行艺术处理。所谓卷杀，是将柱、梁、枋、斗栱、桷子等构件的端部砍削成缓和的曲线或折线，使构件外形显得丰满柔和。在卷杀成形的基础上，在结构构件的端部，雕刻出各种花样。既可以显示结构构件的力量美；又可以达到构件之美观的效果。

（一）立柱装饰

立柱一般都是圆木柱加石础（极少的无柱础者，则柱直插入地），木柱用石础包柱脚，可以防潮和防碰撞，并能加强柱子的稳定性，使柱子坚固耐久。柱都用整根原木，以质坚纹密者为上乘，柱面一般光身，柱身面层可涂桐油，也可油漆，一般为栗色。在民居中，檐柱一般用石造或砖砌，可防水防潮，剖面有圆形、方形（图 4–3，4–4）。

图 4–3　立柱装饰——浦北县小江镇平马村大朗书院

图 4-4　立柱装饰——灵山县佛子镇大芦村

图 4-5　柱础装饰——合浦廉州镇武圣宫

（二）柱础装饰

柱础，除发挥其承重功能，也有美化装饰之用。柱础有方形、圆形、鼓形、半凹鼓形、束腰形、覆莲形、重叠形、八角形、六角形等造型，在柱础上还常雕有线脚和花纹装饰（图 4-5，4-6）。

图 4-6　柱础装饰——合浦廉州镇武圣宫

（三）梁枋装饰

梁枋装饰主要指厅堂和檐廊梁架、梁、枋等主要木结构构件上的雕饰（图 4–7，4–8）。雕饰多用动、植物或文字等吉祥图案。在构架的细部处理上，无论梁头、瓜柱、驼峰，雕饰都非常细微精致，给民居增色不少。檐廊梁架是厅堂梁架向室外延伸部分，一般是两步宽。双步梁上有用月梁、曲梁者，有用瓜墩斗拱插枋支承桁条者。大一些的梁架作卷棚梁架，有做成回形纹梁架的，也有用花草、动物纹做成透雕梁架的。

图 4–7　梁枋装饰
——浦北县乐民镇马朗村委马突村覃汉大屋

图 4–8　梁枋装饰——灵山县佛子镇大芦村

（四）梁墩装饰

在抬梁式架构中，位于上下柁梁的梁墩，往往是装饰的重点。梁墩一般以整截的木材雕成，其表现题材主要是灵兽（四灵之龙、凤、麒麟、龟，四兽之狮、虎、象、豹），多采用浮雕雕刻。

图 4-9　梁墩装饰——灵山县佛子镇大芦村

图 4-10　梁墩装饰——灵山县三隆镇关塘村榕树塘

（五）雀替装饰

图 4–11　雀替装饰
——合浦县公馆镇陂塍村彭氏宗祠

图 4–12　雀替装饰——浦北县官垌沙坡村彭宅

置于梁枋下与柱相交处的雀替，同样是结构与装饰合一的构件（图 4–11，4–12，4–13，4–14）。雀替俗称“牛腿”，在结构上起支撑作用，从柱的两侧挑出形成梁枋的托座，故有托木之称。雀替不仅缩短了梁枋的跨度，将重力传到柱上，而且减少柱头对梁枋的剪力，使木构架更加稳固。早期的雀替是一根较细窄的支撑木棍，上面有简练的浅雕。至清代，雀替变得繁琐，精雕细凿，发展成为一种风格独特的木雕构件，其形如双翼附于柱头两侧，极富装饰性。雀替的选材极为讲究。

图 4–13　雀替装饰
——浦北县乐民镇马朗村委马突村覃汉大屋

二、雕塑——精工与艺术之统一美

图 4-14　雀替装饰
——灵山县平南镇新魁村委水溪江村内翰第

广西沿海地区古民居有着丰富的雕塑装饰，包括木雕、石雕、砖雕、灰塑、陶塑等（图 4-15）。

传统雕塑装饰题材有人物、神佛故事、飞禽、走兽、花鸟、鱼虫等等，龙凤题材更被广泛采用。

宋《营造法式》较详细地记载了宋时的雕刻制度及工艺情况，从雕刻形式的角度将“雕作”分为 6 种：混作、雕插写生花、起突卷叶花、剔地洼叶花、透突雕和实雕。

①混作即圆雕。题材内容有神仙(真人、女真、金童、玉女等类同)、飞仙(嫔伽、共命鸟等类同)、化生(神仙、

图 4-15　雕塑——灵山县三隆镇关塘村榕树塘

飞仙手执乐器、芝草、花果、瓶盘、器物等)、拂㮨(蕃王、夷人等类同，手里牵拽着走兽，或着手执旌旗、矛、戟等)、凤凰(孔雀、仙鹤、鹦鹉、山鹧、练鹊、锦鸡、鸳鸯、鹅、鸭、雁等类同)、狮子(狻猊、麒麟、天马、海马、羚羊、仙鹿、熊象等类同)、角神(宝藏神等类同)、缠柱龙(盘龙、坐龙、牙鱼等类同)。

②雕插写生花的纹样题材有：牡丹花、芍药花、黄葵花、芙蓉花和莲（荷）花。

③起突卷叶花也称剔地起突花，是木雕中应用最普遍的一种雕法，主要花纹有海石榴、宝牙花、宝相花等。雕法技巧上要求表里分明，花叶翻卷，枝条圆混相压。花纹内还可加进童子、龙凤、飞禽走兽等。

图 4–16　透突雕——浦北县平睦镇新塘村委塘坪坡村李宅

④剔地洼叶花与起突卷叶花相似，只是不要求表现花叶的翻卷状态。纹样题材有：海石榴花、牡丹花（芍药花、宝相花类同）、莲（荷）花、万岁藤、卷头蕙草(长生草及蛮云、蕙草等类同)、蛮云(胡云及蕙草云等类同)。

⑤透突雕也为“透雕”，即花纹局部镂空的雕法。此雕法易表现所雕物件两面的整体形象，让人感觉玲珑剔透（图 4–16）。

⑥实雕就是不凿去地，随构件形状用斜刀压雕，就在木质平面上斜用刀力，压出花纹。

（一）木雕

木雕雕饰用于建筑梁架构件装饰、外檐装修和室内装修上。

木雕材料大多用楠、樟等木，雕饰后用水磨、染色、烫蜡处理，使木的表面光滑有光泽。也有用杉木的，但因杉木质地脆弱，故多以镂空、线刻、薄雕形式出现。雕刻时一般根据不同的部位和不同的雕刻类别，选用不同的木料，使之物尽其用。

图 4–17 木雕——钦州市钦北区那蒙镇竹山古建筑群

木雕的工艺做法有：线雕（也称线刻），是木雕中最早出现也是最简单的一种做法，是一种线描凹刻的平面型层次木雕做法。隐雕（也称暗雕、阴雕、凹雕，

图 4–18 木雕——灵山县烟墩茅针田氏古宅

图 4-19　木雕——浦北县官垌镇沙坡村彭宅

也有称为沉雕、薄雕者)，是剔地做法的一种，属于凹层次的一种木雕做法。浮雕(也称浅浮雕、突雕)，古称剔雕，属采地雕法，是木雕中最普遍使用的一种木雕做法。其工艺是按所需的题材在小板上进行铲凿，逐层加深形成凹凸画面。这种雕法层次比较明显，工艺也不复杂，一般多用于屏门、屏风、栏板、栅栏门和家具等。通雕(也称透雕、深浮雕)，是一种有立体层次的木雕技法，工艺要求较高。其做法是先在木料上绘成花纹图案，然后按题材要求进行琢刻，需透空的地方就拉通，需凹凸的地方便铲凿，形成大体轮廓后磨平至光滑，再进行精细加工而成。这种雕法一般用

图 4-20　木雕——钦州市钦北区那蒙镇竹山古建筑群

图 4-21　木雕——浦北县乐民镇马朗村委马突村覃汉大屋

在格扇、屏罩、挂落和家具上。通雕中更高的一级称为“镂空雕”，即全构件通透的一种雕刻方法。这种雕刻工艺复杂，但效果很好，只有在高贵的装修中才用。

贴雕的做法是在浮雕的基础上，将其他花样单独做出后，再胶贴在浮雕花样的板面上，形成一种新的突出花样，称为贴雕。嵌雕的做法是在浮雕的花面上，另用富有突面的雕饰或其他式样的木色进行嵌雕，方式可以插镶，也可以贴镶，称为嵌雕。嵌雕可以说是在透雕和浮雕相结合的基础上，向多层次表现的一种雕刻技法。

图 4-22　木雕——灵山县佛子镇大芦村

广西沿海地区古民居木雕装饰题材内容大众化，常选用普通百姓所熟悉的内容作为题材，透露出浓厚的自然与生活气息。

图 4-23　贴雕——浦北县官垌镇沙坡村彭宅

（二）石雕

石雕在民居中常用于建筑物的柱、柱础、梁枋、门槛、栏杆、栏板、台阶等地方，还有用于牌坊的。石材质坚耐磨，经久耐用，并且防水、防潮，故建筑中具防潮和受力功能的构件常用之。

石雕是在大小已定型的石件上进行雕刻加工。石雕种类有：线刻、隐刻、减地平钑、浮雕（又称突雕）、圆雕（也称混雕、立雕）、通雕（也称透雕）等，根据不同部位而选用不同的类别。

图 4-24　石雕——钦州冯子材故居

图 4-25　石雕——灵山县石塘镇苏村

线刻，即素平雕法。首先将石面打平，再磨砻加工，即用砂石加水打磨光滑，然后用金属工具刻划、放样和施工雕刻。线刻主要用于台基、柱础、碑石花边等部位，形式以花纹为主。

图 4-26　石雕——合浦县公馆镇陂塍村彭氏祖祠（文魁）

图 4-27　石雕——钦州冯子材故居

隐刻，也称隐雕，是平面线刻向深度发展的第一步。其工艺是将图像刻画出形，沿形象纹路略加剔凿其细部，在光平的石面上呈露微凸，以增强石雕的表现力。

减地平钑雕法，是隐雕的进一步发展，也是最早期的浮雕。浮雕是逐步走向立体化的一种雕刻手法，也是建筑上应用最广的一种雕饰方法。它可使雕面上的花草、卷叶等题材刻出其深度，如平的、凹的、翻卷的等，使这些题材富有立体感和表现力（图 4–28）。

圆雕，也称混雕。其做法是在凿出全形后，其细部用混作剔凿（皆为圆面），力求形象表现自然。（图 4–29）

图 4–28　石雕——灵山县石塘镇苏村

图 4–29　石雕——灵山县三隆镇关塘村榕树塘

图 4-30　砖雕——灵山县烟墩镇茅针田氏古宅

（三）砖雕

砖雕有三个特点：一是既能表达石雕的刚毅质感，又能像木雕一样精细刻画，呈现出既刚柔结合又质朴清秀的风格；二是所用材料与建筑的墙体材料一样，都是青砖，使它们在色调上、施工技术上，以及建筑的整体与细部上取得高度的统一；三是青砖能适应于室外环境，打磨过的青砖有较好的抗蚀性和装饰性，既耐久又丰富了建筑的外貌。

用作砖雕的砖必须选用色泽明亮且质量上乘的青砖，并要砖泥均匀，表面平整和孔隙较少。砖雕的制作工艺比较复杂，将经过挑选后的青砖按需要尺寸进行刨平、刨光、打磨，遇到空隙用油灰填补，边填边磨成砖雕坯。制作较大型砖雕

图 4-31　砖雕——灵山县烟墩镇茅针田氏古宅

时，需要分成几部分进行雕刻，每一部分要用几块砖拼制合成。雕刻的一般手法有锯、钻、刻、凿、磨等多种。在整个过程中，必须保持砖的湿润状态，以免脆裂。最后将雕刻好的成品砖，用粘结、嵌砌、钩挂等方法安装到预定部位，并准确对位，使整幅砖雕浑然一体。

砖雕的种类除剔地、隐刻外，还有浮雕、多层雕、透雕、圆雕等。砖雕在民居建筑中，多用在大门、墀头、墙楣、墙面、照壁等处。

（四）灰塑

灰塑装饰在民居建筑中占相当大的比重，使用也比较普遍。它是以白灰为原材料做成灰膏，加上色彩，然后在建筑物上描绘或塑造成型的一种装饰类别。灰

图 4-32　灰塑——灵山县佛子镇大芦村

图 4-33　灰塑——浦北县小江镇马长田村委余屋镬耳楼

图 4-34　灰塑——灵山县佛子镇大芦村

塑有凹凸立体感，分为圆雕式和浮雕式两种。

圆雕式，分为多层立体式和单体独立式两类。圆雕式主要用在屋脊上，有直接批上去的，也有做好后粘上去的。它的做法是先用铜线或铁线做出骨架，将沙筋灰依骨架做成模型粗样，半干时再用配好颜料的纸筋灰仔细雕塑而成。圆雕式制作过

图 4-35　灰塑——
浦北县小江镇马长田村委余屋镬耳楼

程复杂，对粘合材料有特别要求，红糖、细石灰、鸡蛋清的混合物是上乘的粘合材料。圆雕式的题材，因它使用在屋脊部位，故多与厌胜和阴阳五行学说有关，如垂鱼、鸡尾、龙、水兽等。

浮雕式灰批用途很广，不论门楣、窗楣、窗框、屋檐瓦脊、

图 4-36　灰塑——合浦县公馆镇陂塍村彭氏宗祠

（五）陶塑

陶塑是用陶土塑成所需形状后，进行烧制而成的建筑装饰原构件。使用时用糯米、红糖水作为粘结材料，把原构件粘结在预定的部位。

图 4–37　陶塑——浦北县官垌镇六新村委西坡村

陶塑工艺精致、形象逼真，题材大多与灰塑相同，一般为人物、山水、花草或图案。陶塑的材料较粗较重，成品主要靠烧制，实用性强。虽然屋脊也有用陶塑做脊饰的，但由于人们望向它的视线较远，故对塑像构件只要求比较粗犷和有象征意义而已。

陶塑材料有两类，一类是素色，即原色烧制；另一类是陶土坯在烧制前，先涂上一层釉，然后再烧制而成，称为釉陶。后者防水、防晒，且色泽鲜艳，经久耐用，但造价较贵。

图 4–38　陶塑——合浦县公馆镇陂塍村彭氏祖祠（文魁）

图 4–39　陶塑——钦州刘永福故居

陶塑的用途，一类是在屋面上作脊饰用，另一类是在庭院中作漏窗、花墙、栏杆、花坛用。

三、彩画——描绘与画彩之缤纷美

彩画，是在墙面及其他建筑构件上绘制的山水、人物、鸟兽、花草、图案等装饰画（图 4-40）。彩画是一种平面表现形式，着重于用色彩“描”和“画”，多用于室内墙面；不同的装饰部位，题材有所不同，多为历史人物、神话故事或山水风景画，也有花鸟一类的彩画。

图 4–40　彩画——浦北县乐民镇马朗村委马突村覃汉大屋

宋代《营造法式》详细地作出归类和要求：

花纹有九品：一是海石榴花（宝牙花、太平花等相同）；二是宝相花（牡丹花等相同）；三是莲花（以上三品适用于梁、额、撩檐方、椽、柱、抖、拱、材、昂拱眼壁以及白板。在这些构件之上都是通用的。如果海石榴花的花叶肥大而不见枝条，就叫做“铺地卷成”；如果花叶肥大，而显露枝条，就叫做“枝条卷成”，两者都通用。

图 4–41　彩画——灵山县佛子镇佛子村委马肚塘村

如果是将牡丹花以及莲花做写生画，那么就在梁、额或者拱眼壁内施做）；四是团窠宝照（团窠柿带、方胜合罗等相同，它们适宜于在方、桁、抖、拱内飞子面

图 4–42　彩画——浦北县官垌镇沙坡村彭宅

图 4-43　彩画——浦北县乐民镇马朗村委马突村覃汉大屋

图 4-44　彩画——浦北县平睦镇新塘村委塘坪坡村李宅

相间使用）；五是圈头合子；六是豹脚合晕（棱身合晕、连珠合晕、偏晕等相同适宜于在方、桁、拱内飞子以及大、小连檐面相间使用）；七是玛瑙地（玻璃地等相同，适宜于在方、桁、枓内相间使用）；八是鱼鳞旗脚（适宜于在梁、拱下

图 4-45　彩画——烟墩茅针田氏古宅

图 4-46　彩画——灵山县烟墩镇六加苏氏古宅（参军第）

图 4-47　彩画——钦州广州会馆

图 4-48　彩画——六新村委洗马湖村

相间使用）；九是圈头柿带（胡玛瑙等相同，适宜于在枓内相间使用）。

琐纹（连环形花纹）有六品：一是琐子（联环琐、玛瑙琐、叠环等相同）；二是簟文（金铤、文银铤、方环等相同）；三是罗地龟文(六出龟文、交脚龟文等相同)；四是四出(六出之等相同，以上适宜于在撩檐方、樟柱头及枓内使用；四出、六出也适宜于在拱头、椽头、方、桁的上面相间使用）；五是剑环(适宜于在枓内相间使用)；六是曲水（或者做“王”字以及“万”字或者做枓底以及钥匙头，适宜于在普柏方内外使用）。

图 4-49　彩画——浦北县乐民镇马朗村委马突村覃汉大屋

图 4-50 彩画——灵山县烟墩镇六加施氏古宅

如果花纹施做在梁、额、柱上，在花内可以间杂行龙、飞禽、走兽等，对于这些飞禽走兽的图案，用红笔将其描在白粉地上或者用浅色将这些图案拂淡（如果是在做五彩和碾玉装的花内，适宜用白画；如果是在做碾玉装的花内，也可以用浅色拂淡，或者用五彩来装饰）。如果在方、桁等上面全都用龙、凤、飞禽、走兽，则遍地用云彩纹路来补空。

飞仙之类有二品：一是飞仙；二是嫔伽（共命鸟相同）。

飞禽之类有三品：一是凤凰（鸾、孔雀、鹤等相同）；二是鹦鹉（山鹧、练鹊、锦鸡等相同）：三是鸳鸯（溪鹔、鹅、鸭等相同）。

骑跨飞禽的人物有五品：一是真人；二是女真；三是仙童；四是玉女；五是化生。

走兽之类有四品：一是狮子（麒麟、狻猊、獬豸等相同）；二是天马（海马、仙鹿等相同）；三是羚羊（山羊、华羊等相同）；四是白象（驯犀、黑熊等相同）。

骑跨或者牵拽走兽的人物有三品：一是拂菻；二是獠蛮；三是化生。如果是天马、仙鹿、羚羊，也可用真人等骑跨。

云纹有二品：一是吴云；二是曹云（蕙草云、蛮云等相同）。

四、门窗——开合与隐显之灵动美

（一）门与隔扇

广西沿海地区古民居除了大门，还有厅堂门、房门、室内屏门等。

厅堂门都是面向庭院天井，通常做成格扇形式，既是门又是窗，通风采光兼用。在构造上做成拆装型，夏季可拆除，以利通风，成为敞厅，冬季则装上，可避寒风。

矮脚门是安装在民居大门外的一种通风兼防卫的辅助门，其形式有双扇或四扇。矮脚门的上部常用图案式棂子作为格芯题材，下部裙板多以浮雕为主。

图 4–51　门

图 4–52　矮脚门——灵山县三隆镇关塘村榕树塘

图 4-53　矮脚门——钦州市钦北区长滩镇屯巷村新月堂古建筑

门洞则有圆形门、瓶形门、八角形门等。

门的装饰能够表现出宅主的财力、家世的繁衍、文化素养的高低，甚至也能看出宅主的爱好和性格。从门的装饰来说，北京四合院大门相当繁复，其配件就有门楼、门洞、门扇、门框、腰枋、塞余板、走马板、门枕、连槛、门槛、门簪、大边、抹头、穿带、门心板、门钹、插关、兽面、门钉、门联等等，这套系统要占有一间房的面积。而垂花门是院内最华丽的装饰门，油漆也十分讲究，檐口、椽头、椽子均有一定格式，前檐正面中心绘锦纹、花卉、博古，两边的倒垂莲柱头雕花纹更是五彩缤纷。抱鼓石按形状分圆形和方形两种，一般采用汉白玉雕刻，图案内容以松鹤延年、鹤鹿同春、犀牛望月、麒麟献宝、如意草、宝相花、荷花等为主，表达着福寿吉祥的寓意。在檩枋之间安装花板、折柱、荷叶墩等装饰构件，还有苏式彩画，内容题材大多为山水花鸟、人物故事等。

南方的住宅、寺观、祠堂多在门墙上做成门罩，用青砖做出柱、斗拱和椽子，并有精细的雕刻。院内有木制桶扇，其上部为桶心，用棂条做成各种图案，下部为裙板，大多有浮雕。不用裙板的槅扇叫落地明造。

（二）窗

广西沿海地区天气炎热，而民居内部的窗又开向庭院天井，所以开窗的面积都较大，便于采光通风。它的类型有槛窗、支摘窗、方格窗等多种形式。

图 4–54　窗——灵山佛子镇大芦村

图 4–55　窗——浦北县小江镇马长田村委余屋镬耳楼

大型民居上房都用槛窗。槛窗下为槛墙，也有用槛板代替墙体者。有的槛板用素板，也有的用精刻的或图案的木雕板。槛窗常用在厅堂次间和亭榭柱间，其形式与格扇有些相似，但没有格扇灵活。槛窗的题材与格芯相同，有花草、文字或几何形图案等。

支摘窗在民居中使用较少，一般只是在庭园中采用，作为点缀。支摘窗一般分成四段，左右两列，每列上下两段，上段可支，下段可摘。夏季摘窗后通风量大，室内非常凉爽。

漏窗花墙有遮阳和阻挡视线的作用，还能增加艺术气氛，故在民居中常采用。花墙一般用于民居内部或庭院对外围墙，漏窗则多用于庭院内。其形式有墙垣开门洞，也有墙垣漏窗旁带门洞，作为相邻两个庭院的间隔和通道。漏窗的通花材料有砖砌、陶制、琉璃等，近代也有用铁枝的。漏窗窗花丰富，一般比较有规律，多数是几何纹图案。

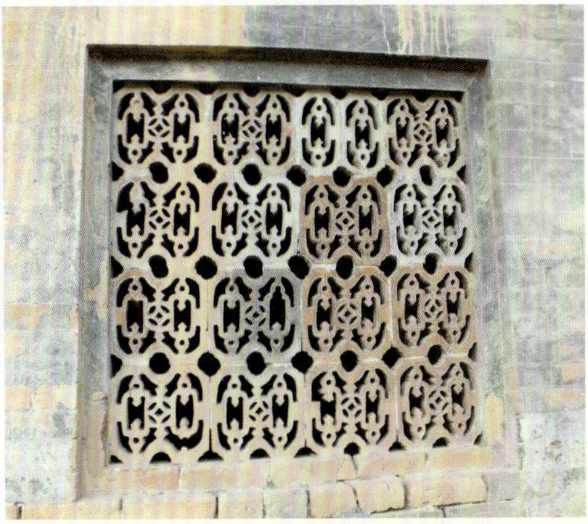

图 4–56 窗——灵山县烟墩镇六加大麓口梁氏古宅

（三）隔断、罩、挂落

隔断是类似于屏门的一种分隔室内空间的构件，有活动式和固定式两种。按功能分，还可以分为间隔式和立体式两类，前者单纯作间隔空间用，后者可以做成柜式隔断。格芯部分可以做成博古架形式，兼有装饰和实用价值。

图 4–57 格扇——浦北县平睦镇新塘村委塘坪坡村李宅

格扇根据开间的大小可设四扇、六扇、八扇等，基本上是取偶数，格扇的高宽比多为1：3或1：4。格扇上分为格心与裙板两部分，太高的格扇则增加池板部分。格心花纹式样很多，用棂子构成方格、条框、菱花、卍字、冰裂纹等，格心也有框格做法，在框格上面用玻璃镶嵌。民居格扇门中，最高贵的格芯是用整块木板精心雕镌而成的通雕雕饰，题材有花鸟、人物故事等。裙板多施植物和动物雕刻，以浮雕和隐雕居多。其他的门用木板做成，一般做成双扇形式。

图 4-58　格扇——灵山县太平镇连科坪

罩的功能主要也是分割室内空间，也有单纯作装饰用的，似分似合，相互渗透，以达到扩大有限空间的效果，一般在庭园门厅或民居书斋中用之。其做法是按罩

图 4-59　挂落——浦北县官垌镇大岸村委答竹村

的形式用浮雕或通雕手法。以硬木雕成几何图案或缠交的动植物、人物、故事等题材，然后打磨精雕加工而成。也有的罩用硬木分成几件拼装而成。罩的形式很多，有圆罩(也称圆光罩)、落地罩等。

挂落是南方的称呼，北方称作飞罩，是不着地的罩，是一种用棂条编织组成网络状的装饰构件。主要用于室内两柱之间的枋下或外廊两檐柱之间枋下，起上部空间分隔和装饰作用。

图 4-60 格扇——浦北县小江镇马长田村委余屋镬耳楼

图 4-61 屏门——灵山县烟墩镇六加大龍口梁氏古宅

图 4-62 挂落——浦北县官垌镇大岸村委答竹村

5

风情习俗

FENG QING XI SU

广西沿海古民居多姿的风俗与习惯

“一方水土养一方人”；“百里不同风，十里不同俗”，为适应当地的气候地理条件，广西沿海地区的民居建筑不但有其建筑设计方面的独特风格，而且在建筑习俗上也接受了当地民风民俗的影响，如汉族民居建设时的相地、定向、择日、行墙脚 、过门头 、升梁、进火等环节，壮族民居建造过程中的察看风水、择定吉日（动工、挖基脚、落墙脚、过门头、上梁乃、乔迁）、安坛、享祭神、放吉祥物等 。这些建筑习俗有着浓厚的地方文化特征，反映了居民的心理诉求，对生存环境的适应等文化内涵。

一、广西沿海地区传统民居建造习俗

各民族民居建造中的习俗、仪式、禁忌是民族建筑文化的具体表现形式。

（一）汉族传统民居的营造

（1）相地。在传统观念中，民居风水的好坏，关系到一家人、一族人的贫富寿夭，所以盖一座屋，是建立世代基业、造福子孙的大事。故建屋先请风水先

图 5-1　后靠山——浦北县石埇镇坡子坪村委老城村

生（也称地理先生）相地理，风水先生根据主人的要求，“相地”，察看“风水”。如来龙（即山脉），沙（即左右环拱之山岭如人拱手，故名沙手），局（即周围之形势），水（即前面之沟渠江河）。考虑阳光、风向、水源、地势、土质等因素，选择背山面阳、宅前开阔、江河环抱、水源方便适合风水条件者作为村落和民居之地。

（2）定向。相地看风水后，风水先生根据屋主的要求，确定“宅局”，定“分金字向”；也就是定建筑中轴线与门的朝向，并向屋主陈述“分金字向”的利弊。相地时风水先生一般运用“罗盘”定位，即运用罗盘中二十四山取吉方位，这一过程称“排分金”。二十四山将圆周 360 度等分为 24 份，每份 15 度称山，谓之二十四山，每山由壬、子、癸、丑、艮、寅、甲、卯、乙、辰、巽、巳、丙、午、丁、未、坤、申、庚、酉、辛、戌、干、亥来表示。罗盘以“卯”代表东方，以“午”代表南方，以“酉”代表西方，以“子”代表北方。这二十四山分别纳入八卦中，称“纳甲”，具体为“坎”卦纳癸、甲、子、辰；“震”卦纳庚、亥、卯、未；“兑”卦纳丁、巳、酉、丑；“离”卦纳壬、寅、午、戌；“乾”卦纳甲；“坤”纳乙；“艮”卦纳丙；“巽”卦纳辛。

“分金字向”时，屋座高低宽窄的尺寸要结合吉祥字，以方位“纳甲法”寻出吉祥尺寸，尺白、寸白成为计算公式，同时还要结合主人生辰八字、年份和周围环境综合考虑，选用具体尺寸。

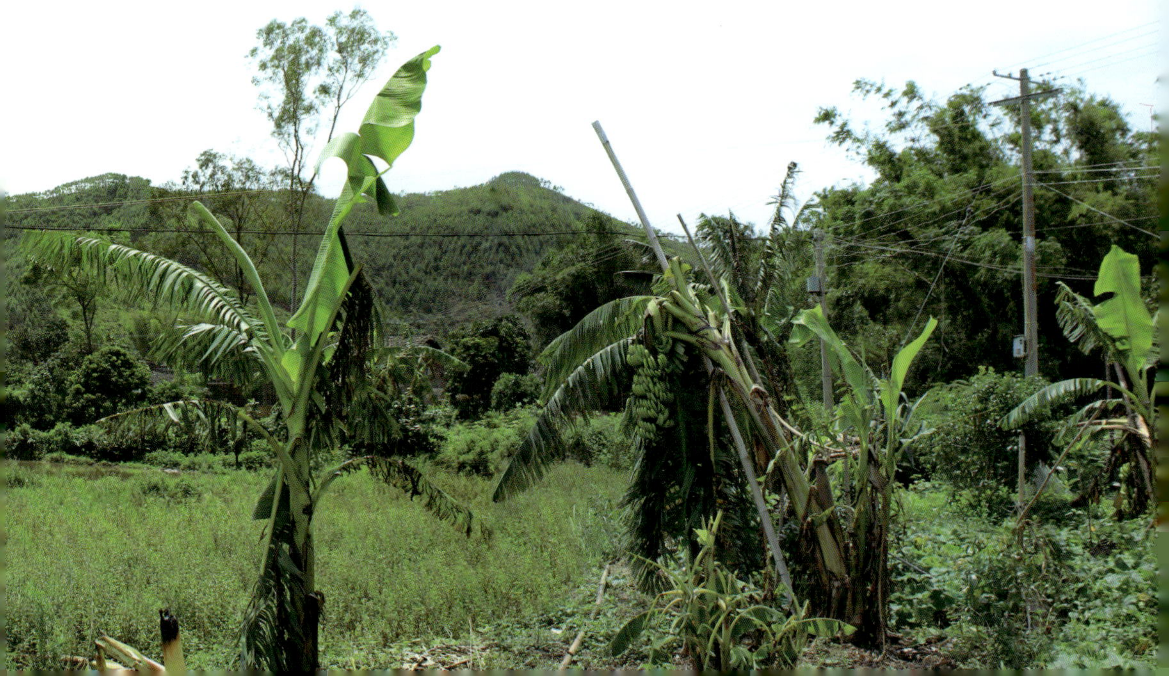

（3）择日。俗称“看日子”。“分金字向”择定后，风水先生要负责“看时择日”（择定开工、安门、升桁的时间），负责“开门”（即决定门的尺寸规格）、“放水”（即决定水沟走向、水口位置），“入火”（即入宅的时间及礼仪）。

图 5-2　宅基遗迹——灵山县三隆镇关塘村榕树塘

（4）奠基。即下墙基石，俗称“行墙脚”。选父母都健在的年长者站到四大屋角处，合法对站，听从日子师的口令对时进脚砖（先由屋主用红纸包好八块砖，在四个墙角各放两块，垫几文铜钱（正面向上），谓之放实物砖），同时鸣炮祝贺。宾客和师傅在新宅地内品尝糖果糕点、领红包。待水泥浆固定脚砖后便可行墙。

（5）安门与过门头。由堪舆确定门的方位与水平高低，在门框柱下置放铜钱，既是垫平门框柱的垂直要求，也有招财进宝的寓意。门安置妥当后，在门楣上贴上上书“安门大吉”的“利是”红纸、挂上门红、长命草等寓意长盛的吉

图 5-3　门——灵山县烟墩镇茅针田氏古宅

祥物，燃放鞭炮，派发“满堂红”红包，宣告安门完工大吉。

过门头。指建第一层的门头，过门头压青。根据日子师择定的良辰（一般不超过正午）砌门头砖或压门头板，压利是和贴吉利对联，并鸣炮祝贺。

（6）升梁。升大梁时，屋主要用红布或红纸包着大梁两端，梁下两端也各垫几文铜钱（合浦富裕人家在大梁中央钻一小洞，放置一颗珍珠），下悬一红布袋，内装有钱(铜钱)、粮等物。布袋一尺（33.3 厘米）余长，七八寸（23—26.7 厘米）宽。升梁时，先用木作柱，撑起梁木，将戚友致贺棱粑，向梁上抛过，随抛随说吉语，及燃炮。升梁完毕，屋主要给主持升梁者“红包”，并宴请升、抬梁师傅喝“上梁酒”。

（7）进火。新屋落成，先生择日，奉祖先香炉置于正座，俗称进火；同时入住，故又名进新屋。日子师请贵人到位，鸣炮祝贺。主家以老幼列队依次进屋，前头的长辈老人捧煤油灯(光明意)带钱粮先进，每进入一间都即时点灯；长老说祝贺话、发小辈红包，搬进钱物、家具等。接着，宾客鱼贯而入，附礼(礼金、谷物、糕粑)致贺。主人设宴招待，灯火通明，鞭炮阵阵，热闹非凡。

图 5-4　壮族传统民居——钦州市钦北区大寺那桑村

（二）壮族传统民居的营造

壮族居民对选择房屋基址、动土兴工日期、房屋朝向等都极为重视，认为房屋基址和朝向的风水的吉利与否，将关系到一个家庭的兴衰或贫富，故形成一系列的仪式和规制，世代相传下来。如建造新房之前，要请地理风水师来察看风水、点穴定向卜凶吉。宅地地层要坚实干燥，地势要略高于四周，阳光要充足，宅地前方视野要开阔，前有流水，后有靠山；如果宅前方没有河水，就设法挖塘蓄水以荫地脉。宅地选好后，要择定动工吉日，以人和、财兴、丁旺之日为最佳；同时还要测算当年的吉利方向，如果新建的房屋坐向与当年的吉向相冲时，则缓建。择好动工的吉日后，还要择定挖基脚、落墙脚、过门头、上梁乃至乔迁的时辰。动工之日，要请明师来“清理”屋地，再挑选一个“命好”（有子女、父母双全）的人在宅地的四个角各挖三锄后，便可正式开工。到落墙脚时，复请明师来举行“安坛”仪式，由主家备好“三牲”和茶酒，摆放在宅基中央，由明师诵念经文，请鲁班、土地公及先祖等神祇前来享祭，保佑建屋顺利，居住平安，人财两旺，五谷丰登。祭毕，主人按照择定的吉时亲自在新宅四角披灰沙垒基石，每角都砌成一个“人”字形。基石既落，任何人不得再移动。接着主人还要在正厅中间位置散放上等的谷米和7枚钱币，然后在其上摆放呈“丁”或“人”或“日”的砖块，并以土掩埋，四周用松木枝围起来，不得触动。同时还在木架四周和中央分别贴挂“东边贵人到，西边贵人到，南边贵人到，北边贵人到，中央贵人到”等纸字。

当墙体砌到平门头时，按照原来择定的吉日吉时，由主人家命好的人把门头板安放上去；在门头板上面，放置7枚钱币，摆成戽斗形，斗口向内，上盖一块红布，再放柏枝、生葱、桔子等物，再用写有“安门大吉”四字的红纸吊挂在门头板正中。由主人家亲手在门头板上砌三块砖，不得用泥刀挑灰浆，只能用手抓沙浆来砌（意为不用刀过头），第一块砖置于门头上的正中，第二块放在左边，第三块放在右边，而后鸣放鞭炮示贺。

上梁仪式也很隆重。首先把梁木砍运回来，按所需的尺寸修整好后，再通涂朱红色颜料，中间画一太极图形，并钉挂一块红布，上书“上梁大吉”等字。上梁之日，左邻右舍的青壮年男子都主动到场帮助抬梁扶柱。待到上梁吉时，主人家先在梁木两端用钱币摆成两个对称的戽斗状，斗口也向内，随即点燃鞭炮，高呼“上梁大吉”“四季长青”等吉语；众人一边齐声附和，一边用绳索将梁木吊起；由主师傅在山墙上将梁木摆正。安好大梁后，主人家发给前来参加上梁的每个人一个红封包，封包里的钱数多少不论，但最后一个数必须是8，寓意“发”也，同时备办一餐丰盛的酒席款待众人。

新房建成后，择定吉日举行进新房仪式，届时要请明师举行安立供奉祖先神位的仪式，而后设宴款待前来祝贺的亲戚朋友。

（三）瑶族传统民居的营造

瑶族是一个山居民族，建村立寨多选后靠高山处，尤其后山要有常流泉水，选择坡度较为平缓的地方，几户或十几户聚居一处，四周种刺竹作围。一半平整土地，另一半依据山势用长短不一的杉木柱头支撑，架木铺板，与挖平的屋场地合为一个平坦的整体，再在此整体上建房。山区气候潮湿多雨而且炎热，为了通风避潮和防止野兽。房屋多用竹木作架，以杉皮、茅草盖顶，以篱芭作壁，中间以板或竹木编为楼，即“吊脚楼”，下养牲畜，上则住人。不设床，夜间合家老幼男女，均在楼筒同睡，不避嫌疑。常置一水盆于门侧，入屋赤足者，先洗去脚泥。穿鞋屐者，须脱鞋后，始入上楼，以免泥污。因其无凳床之设备，坐卧均在楼上也。此外，瑶族人习惯以竹筒凿通竹节作水槽，从山上把清泉引到村寨，然后分槽流到各户屋边，自来水长流不息，饮用方便。

大山区瑶族住房多为“茅寮”，其四壁用小木条扎成，俗称“千个柱头下地”，上盖杉皮或茅草。多是一栋三间，名曰“三间堂”。正屋两侧多用杉条另辟两间，俗名“披杉”。东间堆放杂物或作畜圈、厕所，西间作伙房、洗澡间。

（四）京族传统民居的营造

从1511年起，京族人民陆续来到京族三岛，直至20世纪40年代止的这段漫长历史里，他们世世代代过着艰苦、贫困生活。他们的居住条件是非常原始、简陋的。

栏栅屋。京族家家户户都寄身于荒滩乱林之中。住房都是粗陋不堪的草庐茅舍，墙壁以粗糙的木条和竹片编织，有的再糊上一层泥巴，或用竹篾夹茅草、稻草等作墙壁；屋顶盖以茅草、树枝叶或稻草（也有极少数人家盖瓦片的）。为了防风吹塌，屋顶还压以砖块或石块。屋脚四角以六寸（20厘米）至一尺（33.3厘米）高的木墩（多是苦楝木）或大竹作柱（也有直接以石头作柱墩的）；再在柱墩上横直交叉地架以木条和粗竹片，上面又铺以粗制的竹席或草垫，这就是草庐的“地板”了。屋内以竹片或木皮间隔成三个小间。老人住正间，后生人住左侧间和右侧间。这种“草庐芭舍”，京家称之为“栏栅屋”，它带有百越“干栏”式建筑的古文化积淀。“地板”上面住人，“地板”下面就是鸡、鸭、鹅等家禽栖息的地方了。

图 5–5　石条房——防城港市东兴市巫头村

石条房。从 20 世纪 50 年代始，随着生产力的不断发展，京族的起居条件发生了根本的改善和变化。很多居民开始以长方形（每块石条约长 0.75 米、宽 0.25 米、高 0.2 米）的淡褐色石条（当地称红石）砌墙，以瓦盖屋顶建成住宅。独立的单座居室内，都用条石或竹片木板之类，分隔为左、中、右三个单间。单间的面前都留出较宽敞的过道，过道自左向右贯通全屋。家私杂物如凳桌以及工具等，都置放在过道的墙脚边。正中的一间就是“正厅”，俗称“堂屋”；其正壁上安置着神龛，俗谓“公棚”。正厅除了节日用以祭神，平时是接待客人以及吃饭、饮茶、谈天的地方，是兼作“客厅”之用的。左、右二间是卧室或厨房，如果家庭人口较多（如子女均未结婚成家等），则左、右二间都用作宿舍，厨房就另外附建在左边或右边的山墙脚边。为了照顾老人，子女就住于接近厨房边的那个隔间，距厨房远的那个隔间就让老辈人住。由于海边风沙频繁，京族人还在屋顶脊及瓦行之间压置着一块连接一块的石块或砖头。这种别具一格的石条作砖墙、独立成座、屋顶以砖石相压的民居建筑，构成了京族地区的民俗特色。

二、广西沿海地区传统居住习俗

（1）进火。新屋落成，仍延居士择日，奉祖先香炉置于正座，俗称进火，同时入住，故又名进新屋。亲友致贺，主人设宴招待。

（2）壮、汉族新屋落成择日迁入新居，堂屋用红纸贴上历代祖先之牌位。门口贴新对联，屋主最年长者于凌晨入新屋煮糖粥，家人及前来贺喜的亲友先吃上一碗糖粥。主人还蒸制两盘发糕，糕面用红色写“荣”“华”字样，摆在堂中桌上，意为“发家”。亲友送来发糕，分别写上“富”“贵”字样。主家杀一小公鸡，煮熟摆在新屋堂前。当日隆重宴请宾客。

（3）不管是深宅大院（三进两廊夹天井）或是单家独户，父母与子女（不

图 5–6　八仙桌——浦北县小江镇六新村委洗马湖村

足7周岁的例外）一般都是分室而居，父母同室共居，儿子按排行大小，以住宅座落的方向先左后右的次序安排房间居住。即长子居左前间，次子居右前间，三子居左后间，四子居右后间，女儿另安排住房。房间较少的家庭则是父母同室，未婚儿子同室，女儿另室而住。拥挤时，客厅为老人、孙子居住和招待客人。已婚儿子一定设有另室与儿媳居住。

图 5-7　太师椅——刘永福故居

（4）富裕之家盛行酸枝木家具，如太师椅（雕花镶大理石靠背有攀手）、茶几、八仙台或酸枝木贵妃床等。中等家庭也备太师椅、八仙台等，唯木质有别。一般家庭的家具则用杂木（红椎木、松木、杉木或苦楝木）制作，有八仙桌、四方凳等，房间有一张日字台、一张抛架床。贫苦之家，一般只有一张小矮台，几张小四方凳，卧床大都是用杂木制作。极贫苦的人家则用两张条凳搁着几块床板。

图 5-8　太师椅——浦北县小江镇平马村伯

餐桌。大多是正方形和长方形，高分别约为 0.9 米、0.5 米，长和宽分别为 1.2 × 1.2 米、1.3 × 0.6 米。

凳。多是长形和方形，长、宽、高的尺寸不一；圆凳和椅较少。贫苦人家的家具十分简陋，有的连一张象样的板凳也没有，平日坐的是自编的“禾草墩”。

架床。床脚高约 0.45 米，床面长约 2 米，宽 1.4 米，三边有高约 0.2 米的围板或栏杆，四角有一条高约 1.5 米的小柱支撑床架，以作装置蚊帐之用。

衣柜。一般是长 1.6 米，宽 0.6 米，高 1.5 米，双开门，内分上下两层。

三、广西沿海地区居住之方言俗语

广西沿海地区的民间方言俗语中有大量言简意赅、朗朗上口、趣味生动、寓意深刻的语句，这些在人们日常生活中口头流传的通俗语言，是广大劳动人民生活智慧的结晶，在一定程度上表现出人们的生活态度及对社会的真知灼见，揭示出客观事理。方言俗语具有很强的语言表现力和生命力，与居住有关的广西沿海地区之方言俗语还具有地域性、通俗性的特点。

1. 无路转身：住处局促，狭窄不堪容膝。

2. 无地落脚：居所不宽敞或物品摆放凌乱导致无立锥之地。有时也表示居无定所。

3. 洋楼不比茅寮：具有知足的心态，自己久居的地方，即使条件很差，也会比那些所谓豪华而陌生的地方感觉舒服、快乐。

洋楼是指仿照外国建筑风格建造的多层建筑，一般为四面或三面柱廊，装修精致，备有客厅、餐室，有数套卫生间等结构较好的豪华独立式或复式、别墅式住宅。洋楼又叫“鬼楼”，是对西洋式民居的贬语。

茅寮，即茅草棚。茅草盖顶当瓦，竹篾编壁或竹筋泥草挂壁，为穷人简陋、下等的居所。

4. 龙窠（床）不如狗薮：龙

床，是皇帝的眠床；狗薮（斗音），狗窝之意。这意思是说，陌生的地方，即便是皇帝眠床这样豪华、舒适的地方，也比不上久居的地方；即使条件差些，自己的狗薮也会比陌生的地方感觉更顺心如意。

另有一层意思是说，别人的再好也是别人享受的；自己的狗薮再坏，也是属于自家的。不可有非分奢想。

5. 摸错房间：讽刺人瞎眼办事，发生差错。

6. 踩低门槛：形容通家往来频繁，或者宾客众多。

中国有不让踩门槛的习俗，主要有以下六种说法：（1）忌踩门槛这一风俗始于先秦时期，那时臣子门出入君主的门户时，不能踩着门槛，只能侧身而行。门槛往往体现地位尊卑之分，之所以在先秦时期有这种风俗，是君臣礼仪所致。之后，演变为家族地位的高低。（2）门槛具有遮挡污物和避邪的作用，门口横上一道门槛，象征着竖立一道墙，将一切不好的东西挡在门外，以保一家人的平安幸福。（3）实际上门槛的木枋，在过去，与房梁正顶的主枋同材，即一根木枋分正梁、门槛。正梁有镇宅护平安的“效用”，同一材质的木枋作门槛，自然也具备护宅镇家的“功能”。鞋子等物在东方而言，是极其“低贱”的东西（在中国的某些地方和中东某些国家的风俗中，用鞋打人是对人最大的侮辱），踩上去会有损门槛的法力。（4）有人说门槛是祖宗的脖子，不能踩，否则表示不敬。（5）还有一种说法认为：门槛是当家人的脖子，是当家人的头，所以有：“忌踩门槛忌坐斗”一说。（6）传说踩门槛会坏自家的风水，冲撞家神。

既然有忌踩门槛的习俗，跨越门槛时，自然人人都格外小心，那么何来“踩低门槛”？其实这是对到访者甚众的夸张形容。

7. 坐花厅：原意是有人作陪，反语讥笑人被押进监狱受人管制。是一种谑词。

花厅，原指女眷做女红、集体娱乐、迎接女客的专用客厅。做客“花厅”自是上宾待遇。黑语中“花厅”是妓寨款宴恩客之地，在这里，自有美人相伴、欢歌笑语。

以前衙门正厅的两边有分厅——候审的地方，客家话“分厅”读成“花厅”，一坐花厅就要等着抓进正厅审了，形容十有八九都不是好事，即关进牢狱，坐监的意思。

8. 入鸽笼：狭窄难耐之居。鸽笼，多层小隔间的密集式鸽舍，每个鸽窝的空间极小。一些拥簇林立的公寓楼，几乎都被隔成几平米的小间，密布的小隔间，像极了百鸽笼。

9. 老几立牌坊：形容人太不自量。牌坊，是封建社会为表彰功勋、科第、德政以及忠孝节义所立的建筑物。立牌坊是一件极为隆重的事，并不是谁都可以立的。

老几，指在兄弟姐妹间排行第几；反问别人“老几”则带轻蔑意，谓人微不足道。

10. 饮醉起大屋：纯属醉后之谵语，白日做梦之意。常用来讽刺别人能力低下，无真本事，却爱吹牛皮、讲过头话。

11. 走鬼走入庙：走鬼，避鬼之意。避凶反而趋凶。在古汉语中，“走”的意思是跑，如“走马观花”，意思就是“骑着奔跑的马去看花”。后来“走”又引申出“逃跑”“逃离”的意思，“走鬼”一词的原意是“逃离鬼的追赶”。两广有“走鬼走入庙，庙里鬼更多” 的俗语，意思便是：为了逃离鬼的追赶而躲进了庙，殊不知庙里的鬼更多。这俗语用来形容“本想摆脱危险处境，却误入更危险的境地”。在两广，“走鬼”一词进一步引申，泛指逃跑，而不仅仅指逃避鬼的追赶。

后来“走鬼”一词被用来指那些无证、无定点的非法小商贩。这些小商贩因属于非法经营，必然受到执法部门的处罚和取缔(没收货物及器具、罚款等)，因此他们没有固定的摊点，便于逃跑。“走鬼”开始是这些小商贩对执法人员的带有敌意的呼喊。在他们眼里，执法人员就像索命的鬼，因而远远看到执法人员来时他们就相互招呼“走鬼啊！”便四处逃跑躲藏。慢慢地“鬼”所指的对象发生了变化，如今不是指执法人员，而是指这些非法小商贩，说他们像“东躲西藏的鬼”。

12. 住到生龙口：居室占尽地利。生龙口是风水学上说的一种人丁兴旺、富贵双全的绝佳风水宝地。

13. 住九座(狗坐)大屋：九，阳之极数。九间堂殿是皇帝专用的，是人世间最豪华、最气派的房子。而狗坐之处，屋檐偏偶也。这里便是利用谐音字讥笑破落子弟无处容身。

14. 吃半边江(缸)水：乍听，好像挺豪气似的。其实是形容人没半粒米，唯有喝缸水充饥。利用谐音字讥笑那些打肿脸充胖子、讲大话的人。

15. 九间大屋半边床：九，阳之极数。九，代表一种规制。天下大宅，不过九间。

“九间大屋”意思是（拥有）世上最多、最好的房子，然而晚上睡觉时最多也只占半张床而已。警示人生不要太贪婪。九间大屋半边床，也表示知足常乐的豁达心态。

16. 万丈高楼从底起：事业创自基础。只有把基础打好了，事业才可能有好的发展。

17. 香公佝庙角：疍民多信神，各种庙堂众多，孤寡之人老后，多沦为庙祝，把庙堂作为栖身之所，以度残馀的岁月。故有“香公佝庙角”之谣。

18. 穷人住竹瓦：广西沿海地区多竹，材尽用于民居：竹筋泥草粘壁谓“挂水篱”，农家简陋之筑；剖竹编壁之居叫“壁笆屋”，穷人下等之居；“疍家棚”架木凌水而居，别有传统，以半竹代瓦而盖，“竹瓦屋”习俗相沿。故有“穷人住竹瓦”之谚。

6 文以载道

WEN YI ZAI DAO

广西沿海古民居雅致文字的装饰增辉

在建造自己的美丽家园的过程中，广西沿海各族人民除了在建筑物上赋予特有的硬装饰之外，往往还在房屋的大门、厅堂、雅室中进行软装饰，即镶嵌一些有一定寓意或深刻内容的匾额和楹联，为屋舍增辉。

在中国建筑上，匾额和楹联是独特而又直接地表现中国文字、文学的一种形式。其采用历史悠久，最迟在秦汉时期已经出现，明清时期尤为兴盛，在历代宫殿寺观、各地住宅园林、各式厅堂雅室，以及风景名胜都得到了广泛的运用。匾额和楹联以建筑构件的“额”和“楹”而名，亦可以称之为装饰构件，常见的是将匾文和联文用木材制作悬挂在建筑上，属于小木作；还有用砖雕石刻的手段镶嵌在建筑上的，也有直接雕刻或油漆在建筑上的，张挂于室内的楹联多书写于纸或绢帛上。它们以灵活多变的集书法、雕刻为一体的艺术式样，成为建筑室内外装饰的一部分。

匾额与楹联的造型，不但丰富了建筑的艺术形式，而且通过题写的文字，深化了建筑艺术的意蕴。匾额与楹联的文字一般简洁精练，常常是寥寥数字却意义深远；其内容博大精深，或写景状物、寄情抒怀，或箴规励人、言志祝词；其形式多种多样，有集引、造句、摘文、集字等；涉及的文体范围甚广，有诗词、散文、成语、典故格言等。保存在广西沿海古民居中的匾额、楹联数量庞大、内容丰富，可以说是对古代社会生活的真实记录、实物佐证，通过对其内容的深入解读，可以了解社会历史、职官制度、家族源流、各地民俗、时代文风、价值取向、审美好尚等等。匾额与楹联可以说是中国传统建筑的标配，亦是其中的精华之一。

一、匾额生辉耀门楣

匾额是中华民族独特的民俗文化精品。几千年来，它把中国古老文化流传中的辞赋诗文、书法篆刻、建筑艺术融为一体，集字、印、雕、色之大成，以其凝练的诗文、精湛的书法、深远的寓意，指点江山、评述人物，成为中华文化园地中的一朵奇葩。广西沿海古民居的匾额内容丰富多彩，按其性质来说，比较常见的匾额大致可以分为四类：

图 6-1　家族通用堂号——合浦县山口镇永安村至德第

（一）堂号匾额

堂号匾额标明该建筑的名称，是其重要标志，主要可分为两类：一类是表明姓氏的家族通用堂号，常用姓氏郡望、本族名人典故等。这类匾额一般只悬挂在家族公祠，为本族各地宗亲所共用，寄寓了同姓同宗的亲情以及对本族先贤的景仰。如合浦县山口镇永安村刘氏“天禄第”、黄氏“千顷第”都是家族通用堂号。亦有将家族堂号变通命名私宅的用例，如廉州士绅王崇周故居称“槐园”就是取意于王氏通用堂号“三槐堂”，三槐典指宋代名宦王祐（一作王祜）在院中植三棵槐树预示其子孙中将有人能位列三公，后来其子王旦作了宰相。这一支王氏即以三槐为堂号，王崇周为表明以王氏后人为荣，又不宜将家族堂号直接用于私宅，便稍作变化，其意实同。

另一类是某一特定楼堂殿阁的专属名称，这类堂号的命名形式灵活多样，尤其是私宅堂号往往能展示主人的身份地位或志趣理想，也有些是根据其建筑样式与周边风景等命名。如钦州刘永福故居名“三宣堂”、灵山县太平镇连科坪仇氏古宅之“荣封第”、灵山县烟墩镇六加苏氏古宅的“参军第”、灵山县平南新魁

图 6-2　三才堂——佛子镇佛子村委马肚塘村

村委水溪江村梁氏古宅的“内翰第”、合浦县白沙林翼中故居“相庐”、合浦县曲樟乡璋嘉村陈铭枢古居“上将第”等是以主人的封号、官职等命名的；灵山县佛子镇佛子村委马肚塘村的“两全堂（祖屋）”“三多堂”“三才堂”“四宝堂”“五福堂”“六彩堂”，以及浦北县小江马长田村镬耳楼古屋称“余庆堂”等都表达了主人祈盼家族兴旺富足的美好愿望；灵山大芦村的“镬耳楼”直接以建筑样式命名；“三达堂”取义“达德、达才、达智”以激励子孙；“东园”和“东明堂”都以该建筑的相对位置命名，“沙梨园”“杉木园”“丹竹园”“荔枝园”“榕树塘”等是以其间的物产地貌命名的。

（二）牌坊匾

牌坊匾通常是用以表彰或歌功颂德的，如表彰富人守规范，表彰乡里老师等。灵山县太平镇连科坪仇氏荣封第古宅有封诰匾 3 块：仇蕴晟夫妇诰命匾［嘉庆四年（1799 年）］，仇汝霖及其妻、妾封赠匾［道光十六年（1836 年）］，仇海忠夫妇诰命匾［道光十六年（1836 年）］。灵山县佛子镇马肚塘村刘仕康在嘉

图 6–3　“国魁”匾额
——灵山县佛子镇佛子村委马肚塘

庆十四年（1809 年）朝廷恩科选拔国子监生中名列前茅，获得（例）监生资格，广东巡抚和布政使题名赠“国魁”匾额，悬挂第一进大门楣祝贺。刘仕康、刘泰康两兄弟聪明能干，世故练达，和睦乡亲，发展当地经济取得了成绩，灵山知县给兄弟俩合赠“义重乡邦”匾额，升上第二进的正门门额。

灵山县佛子镇大芦村劳氏第四代祖劳弦于明朝崇祯年间考选拔贡，自国子监毕业后，初授内阁中书舍人，不久升用兵部职方司主政，其夫妇、父母和祖父母也获得朝廷封赠，镬耳楼因而首开悬“奉天敕命”匾的先河。三达堂仍高悬的是以禁鸦片烟著名的两广总督邓廷祯领衔，为道光十七年（1837 年）劳念宗考取

图 6–4　“贡元”匾——灵山县佛子镇大芦村

国子监第一名而题赠的鎏金“拔元匾”。明、清两朝朝廷赐予的御赐匾和总督、巡抚、布政使、知县、学政等贵要贺赠的“拔元”匾、“贡元”匾等48块各种匾额，现尚存30块。清朝授以封典颁布的命令，五品以上授予称之“诰封”，六品以下用敕命授予谓之“敕封”。大芦村劳氏古建筑群中现存朝廷封赠匾7块，其中“奉天诰命”的赐封赠匾有1块，其余皆是“奉天敕命”的。

（三）寿喜贺匾

这类匾额主要用于祝贺中举、升官、节庆、寿诞、婚礼等，现存数量非常大。如三隆榕树塘有朝廷颁赠的贺寿匾“慈寿宜昌”。灵山县太平镇连科坪仇氏荣封第古宅贺赠匾5块：“望重金吾”（兵部尚书衔广东总督蒋攸铦题）、“翰林庶吉士”（仇效忠题）、“仁先义济”（权知都司候补府经历钤题）、“五叶敷荣”（灵山知县俞文莱题）、“五代恩荣”（张锡田题）。

图 6–5 “望重金吾”贺赠匾——灵山县太平镇连科坪仇氏荣封第古宅

（四）文人题赠匾

图 6-6　“成均俊彦”匾——钦北区大寺镇那桑村

文人题赠匾额是带有文学色彩的或是座右铭式的匾。灵山县平南新魁村委水溪江村（内翰第）三座正门内屏风上方为一匾额“文魁”，乃时任广西巡抚张凯嵩（官至云贵总督）赞屋主梁天琛才茂文美而封赠；因凡事三思未够，故宅第又名“九思堂”，由梁氏亲笔题写，以诫勉自己。钦北区大寺那桑村农宅有农国璋题赠的“成均俊彦”匾，意在赞美其家出过国家高等学府的高材生；周彦章、黄朝典题赠的“孝友家风”匾，意在赞美其家德行高尚。

二、楹联意深彰教化

对联是中国特有的一种文学体裁，一般悬挂于古建楼堂宅殿的楹柱（厅堂前部的柱子）上，因而又称楹联，至今已经历了一千多年的发展历程，一直以来都为国人喜闻乐见、雅俗共赏。其形式是由字数相同、词性相当、结构相称、节奏相应、平仄相谐、语意相关的两句文字组成一副联语，体现了一阴一阳之谓道的哲学思想与均衡对称之美。对联往往言简意赅，寄托深远，可写于纸、帛或刻于竹、木、石等材料上，作为传统建筑中常用的一种装饰构件，至今还广泛应用，成为中国建筑的有机组成部分，与中华民族的审美趣味共同发展。楹联所包含的信息量极大，既可彰显主人志趣，亦能令读者深思细品，与其他的建筑装饰构件相比，更能体现建筑的内蕴之美，展示中国哲学与文学的智慧之美，增添建筑的艺术魅力。

传统民居中悬挂楹联的方式一般可分为五类：一是“门联”，挂于门两侧；二是“柱联”，对称地挂在柱子上（抱拄）；三是“壁联”，对称地挂于墙壁（补壁）；四是“梁联”，刻画于顶梁；五是“屏联”，刻画于屏风，这几类楹联在广西沿海古民居中都有应用。如“广西楹联第一村”灵山大芦村就有三百多副明清两朝沿用数百年的古联，这些楹联遍布于劳氏古宅群，仅在镬耳楼祖屋、三达堂、东园别墅、双庆堂和劳克中公祠，位置固定的楹联，据调查整理出来的就有三百多副，这个数字不包括现代劳氏后人所创作的新联。这些古宅楹联反映了劳氏家族历来重视修身、持家、创业、报国的传统。广西沿海其他地方的古民居也有许多这样保存完好、多姿多彩的楹联，数百年来一直焕发着光彩。

（一）门联

古人常以门第来指代家庭或家族的社会地位，因而特别重视建筑的大门，与之相配的门联一定要言简意赅，庄重典雅，精工写刻，气势不凡。大门门联，特别是祖屋（公祠）门联多透露出家族的源流和家风家训，往往与家族堂号相配合，高悬门楣及两侧，大气醒目，标明身份、彰显家族地位，广西沿海古民居中这类门联有很多，这里试举几例以窥全豹。

灵山大芦村劳氏祖屋门联为“武阳世泽；江左家风。”

图 6–7　灵山大芦村劳氏祖屋门联

这副门联简要记述了大芦村劳氏家族的来源及劳氏名人，表现出根系名门的气度及家族自豪感。“武阳”是劳氏郡望之一，上联典指劳氏先世原在山东蓬莱州即墨劳山，因此而得姓氏，后入中原寓居山阴，在南北朝时期的刘宋朝时期迁居武阳郡成武阳世系。“江左”即江东，下联典指劳氏名人劳钺事迹，他是明代进士，江西九江人，历任江浦、临江、山阳三县，政绩很好，深得百姓的拥护，后迁任湖州太守、知府，卒于任上，后被奉为湖州府城隍神，供奉至今。

图 6–8　刘永福故居“三宣堂”大门楹联

钦州市刘永福故居“三宣堂”大门楹联为“枝栖古越；派衍彭城。”这副门联表明了钦州刘氏迁徙发展的源流。“越”同粤，钦州属于“古越”之地，上联典指刘永福家族来此定居，形成刘氏家族在古越这一支；“彭城”即今江苏徐州，下联典指这支刘氏源出彭城。上下联分别讲述流与源，切合“三宣堂”主人的实际情况，将刘永福家族在此开枝散叶之流与彭城刘氏之源并提，恰到好处地彰显了主人的身份和地位，是一副难以移易的佳联。

合浦永安村刘氏“天禄第”门联为“禄阁家声远；彭城世泽长。”这副门联简述家族来源及名人事迹，是刘氏家族通用联，与前述刘永福故居门联的创作手法略有不同。下联与上文“派衍彭城”同意，典指刘氏先世源出彭城；上联典指汉宣帝时的大学问家，曾在“天禄阁”校书的刘向。相传他勤奋好学，经常苦读到深夜，一天黄昏，一老者看他如此勤奋，吹燃手中藜杖为他照明，于是便有了“禄阁流光”的典故，刘向好学成才的事迹，既是刘氏后人的骄傲，也一直激励着他们步武先人，这种勤奋精神就作为刘氏家风代代传承，演化成“禄阁家声”之典，永昭门庭。

合浦永安村吴氏“昭武第”门联为“渤海家声远；延陵世泽长。”这也是一副记述家族源流的楹联，这一联并非特指本支吴氏的近源，是吴氏家族通用联。“渤海”是吴氏郡望之一，包括今之河北的南静、青县、沧州以及山东的乐陵、宁津、无棣以北的地区，上联意指吴氏先世原在渤海郡。“延陵”也是吴氏的郡望，在今江苏武进县，下联典指吴氏亦有延陵一派，不论渤海或是延陵，吴氏世系家声绵飏久远，兴旺发达。

图 6–9　浦北大朗书院大门楹联

合浦永安村黄氏“千顷第”门联为“江夏家声远；颍川世泽长。”这副门联亦属家族通用联，此联取黄氏历史名人典故，以歌颂先人功德为主，兼及家族源流。“江夏”是黄氏郡望之一，今在湖北黄州武昌一带，上联典指江夏大孝子黄香，颂其事迹传颂千秋；下联中的“颍川”在今河南禹州，但非黄氏郡望，此典意在颂扬黄氏先贤，被誉为“治行天下第一”的黄霸，他曾任颍川太守。

除家族宗祠外，合浦永安还有一座忠孝祠和一座合飨祠，忠孝祠门联为“忠矣邑侯救民昭烈，孝哉贤子殉父流芳。”热情表彰了忠臣孝子。合飨祠门联为“合百族游魂主无归者，飨四时祭品鬼不馁而。”这座祠堂将男女无主孤魂、百族无归游魂的灵位合于一殿祭祀，这种形制的祠堂在全国都比较少见，颇有特色，体现了深切的人文关怀。

另外，书院门联一般具有较高的文学水准，如浦北的大朗书院大门楹联就鲜明展示了书院特点，其联云：“大成声振尼山铎；朗润文方浦水珠。”“大成”“尼山铎”皆指儒家“至圣先师”孔子，孔子被尊为“天之木铎”“大成至圣文宣王先师”“万世师表”等，此处“大成”亦指在道德、学问、事功方面取得大成就。

图 6–10　合浦县山口镇永安村北堂对联

振铎本意是摇铃，古代宣布政教法令时，振铎以为警示，后来引申指代为从事教职。“浦水珠”化用“合浦还珠”的典故，浦北前属合浦，传说东汉时期合浦即以盛产珍珠闻名海外，但因贪官污吏为获利而过度捕捞，造成珠蚌迁移，珍珠产量越来越低。后来孟尝当了合浦太守，他革除弊端，为民兴利，很快那些迁移出去的珠蚌又重回合浦。“合浦还珠”比喻珍贵的东西失而复得，“浦水珠”即指极其名贵的珍珠。下联意为文才朗润，美质华彩可比合浦的明珠。全联以鹤顶格嵌入“大朗”书院之名，浦水珠之典切合书院地理位置，尼山铎之典切合书院职能，用典恰当，文意高雅，既表达了继承先师道德，倾力教学的志愿，也寄托了对学子的殷切期望。这副门联辨识度极高，是为大朗书院量身打造的，可谓名实相符，极好地体现了门联创作的章法。

另外广西沿海地区的古寺庙、道观等门联都极富宗教色彩，如合浦县山口镇永安村的佛教寺庙清泉寺（亦称北堂），大殿门口镌刻着一副杂糅了儒释道三教思想的对联：“镇岳首五方群推东岱；调元归三圣永护南交。”这副对联上联的意思是东岳泰山神镇守着五岳独尊的泰山，是五岳神之首，下联意为祈愿神灵永远庇护本地，即交州。永安城隍庙的门联为“是非不出聪明鉴，赏罚全由正直心。”这副对联歌颂城隍神公正地执行其司法职能，体现道教内涵。

（二）柱联

柱子是建筑结构的构架件，数量众多。柱联有檐柱（外柱）联、屏柱（墙柱）联、川柱（穿柱）联、灯柱联、神柱（神台）联、中柱（金柱）联等。门联代表了整个家庭或家族的门面，为了鲜明易辨，多采用大字短联，而柱联都在宅第以内，则可不拘泥于字数，有些高柱可书数十字，创作空间更大。柱联以抒情言志、劝勉子弟的格言联应用较多，也有不少写景咏物联。

灵山大芦村祖屋中的柱联几乎包括了柱联的各种类型，其四座檐柱有联：“天叙五伦惟孝友于兄弟；家传一忍以能保我子孙。”四座屏柱有联：“读古人书留意经天纬地；为后裔法无忘祖德宗功。”四座屏风联：“好把格言训子弟；须寻生计去饥寒。”四座川柱联：“读书乐为善最乐；创业难守成尤难。”“勤与俭治家上策；积而忍处世良规。”太公座外柱联：“敬其所尊，爱其所亲，迩之为仁人孝子；信移于君，顺移于长，远即为义士忠臣。”头座灯柱联：“惜食惜衣，不但惜财兼惜福；求名求利，须知求己胜求人。”头座神柱联：“念先人立身教家，不外纲常大节；嘱后人继志述事，无忘忠孝初心。”这些柱联几乎都是处世格言，家中子弟每日身处其中，时常诵读其文，孝友、勤俭、仁孝、忠义这些道理自然潜移默化，成为立身规范，也是永保家族兴旺的原因之一，这类柱联充分体现了楹联的教化作用。

浦北大朗书院亦有众多柱联，其中除书院大门外檐石柱联外，其余 6 副皆以鹤顶格嵌入“大朗”两字，加上大门楹联共有 7 副嵌名联，成为书院一绝。

书院大门外檐石柱联为“根柢在六经，诗书易礼春秋，须撷古人之精华，莫徒分汉宋门户；宾兴先三物，孝友睦姻任恤，但得多士为倡导，庶蔚成邹鲁乡风。”上联开宗明义，点明书院之根在于弘扬儒家经典，只要是精华都可学习吸取，不拘泥于门户之见；“宾兴先三物”典出《周礼·地官·大司徒》：“以乡三物教万民而宾兴之。”郑玄注：“兴，犹举也。民三事教成，乡大夫举其贤者能者，以饮酒之礼宾客之。既则献其书于王矣。”“孝友睦姻任恤”语出《周礼·地官·大司徒》：“二曰六行：孝、友、睦、姻、任、恤。”郑玄注：“任，信于友道。恤，振忧贫者。”又《闾胥》：“书其敬敏任恤者。”下联意指教化当以道德为先，若能多得贤达之士以为倡导，必然能令民风淳朴，处处皆如邹鲁。全联紧扣书院，述其职能、明其宗旨、表达见解、描述前景，可谓内容丰富、导向鲜明，展现了书院的人文特色。这副长联镌刻于书院大门外高大的石柱上，正是迎迓往来学者、访客的第一副联，如此佳作自然为书院增色不少。

图 6-11　柱联——合浦县公馆镇陂塍村彭氏祖祠（文魁）

书院大门内檐石柱联为“大开珊网，宏收宝物千枝，要培成管乐奇才，与我国家出力；朗膜冰壶，澈印道心一片，莫误认陆王宗旨，坠他佛老空谈。”珊网即珊瑚网，指捞取珊瑚的铁网，典出《新唐书·西域传下》，引申指网罗珍品或人才的措施。管乐即管仲、乐毅，二人为古代将相奇才。管仲相齐桓公，春秋称霸；乐毅作燕昭王将，攻齐，克七十城。陆王指陆九渊、王守仁，二人是宋明时期唯心主义哲学流派的代表人物，曾被认为是儒学异端。佛老指佛教与道家学说，也被看作是儒学异端。上联提出了要广揽天下英才而教，愿将他们培养成像管仲、乐毅一样的将相奇才，为国家强盛效力；下联视心学、佛教、道教等为异端空谈，表明坚守正道的坚定信念。这副柱联开宗明义，嵌字自然，阐述了大朗书院欲倾力尽心为国家培养栋梁之才的宗旨，镌于此处十分恰切，令求学者及访客豁然开朗，一见倾心。

二座屋檐石柱联其一为“大者法，小者廉，治国视诸斯，于乡可观王道；朗如珠，润如玉，为学亦若是，何地不出人才。”《礼记·礼运》中有“大臣法，小臣廉”的说法，意思是指大官尽忠，小官尽职。如珠如玉者，言为人高洁，心地澄明。这一联论述治国之理及为学之道，写作手法上逻辑严谨、章法可观、富有哲理、善于启发，亦堪称佳作。

二座屋檐石柱联其二为“大山乔岳，一览皆卑，海角有魁儒，讵愧追踪邹鲁；朗月清风，何求不足，道心无滞相，好寻乐趣孔颜。”乔岳即高山。魁儒指大学问家。讵为难道之意。道心在此指道德观念及悟道之心。滞为拘泥、固执或呆板之意。孔颜分别指孔子及其贤徒颜回。这一联意指大朗书院虽然僻处海角，但只要专心求取大道，就能无愧于儒家教化，有梦想、有志气，草根也能干出一番大事业。这一联嵌字巧妙，不着痕迹，娓娓道来，甚是励志。

后座屋檐石柱联为“大观首在诗书，精性理，擅词章，当求郑孔注笺程朱道学；朗诵如闻金石，媲庄骚，追史汉，要使马班伯仲屈宋衙官。”郑孔注笺中郑指郑玄，孔指孔颖达。郑玄是东汉末年的经学大师，他“囊括大典，综合百家，遍注群经，将今、古文界限打破，达到了经学的融合与统一”；孔颖达是唐初大儒，著《五经正义》，又对郑玄所作经注作了解释。程朱道学指宋朝程颐、朱熹的学说，强调修身、伦理，是儒家学派的一支。庄骚即《庄子》和《离骚》，皆古典名著。史汉即《史记》和《汉书》，是中国古代史学经典。马班即司马迁、班固，前者是《史记》的作者，后者是《汉书》的作者。屈宋即屈原和宋玉，系战国时期楚国的著名辞赋家。伯仲即兄弟，比喻水平不相上下。衙官指州镇的属官。上联申明学问当追求正道、精益求精；下联言志，体现了大朗书院师生志存高远、力求比肩先贤的自信与进取精神。这联立意较高，对仗工整，且节奏舒缓，格律精审，读来韵味悠长，富于艺术性。

后座木柱联其一为“大开广厦，皆先人旧德所遗，若子若孙，登此堂来莫忘高曾规矩；朗照文星，冀后辈儒风勿替，或耕或读，知为学者便是党塾仪型。”文星即文昌星，又称文曲星，传说是主文运的星宿。党是古代地方基层组织，五户为邻，五邻为里，二十里为党，二十五党为乡，党塾即乡学。上联教子孙感念先人创业功德，效法先人德行；下联教后辈无论耕读皆须勤奋，培养求知精神才是教学的目的。

后座木柱联其二为“大敞规模，振我家祖泽宗功，居同里，祀同堂，俎豆春秋绵奕叶；朗悬衡鉴，蜚他日英声茂实，后立言，先立德，王侯将相兆初桄。”俎豆，俎和豆，古代祭祀、宴飨时盛食物用的两种礼器，亦泛指各种礼器，引申为祭祀和崇奉之意。绵奕叶犹言世世代代如瓜瓞绵延发展。鉴，镜子。桄通横，原指横木，梯上的横木即可称为桄，因而引申出阶梯之意，初桄意为初阶、初始。上联叙同宗之亲，当齐心合力振奋家声，延续德泽；下联指明立德立言就是成就大业的基础，表达了对后世兴旺发达的殷切期望。

这些楹联可以说是对大朗书院精神宗旨的精辟概括，文字与建筑相映生辉，展现了深厚的文化底蕴。另外值得一提的是，大朗书院诸联文辞典雅，且基本合律，显然出自文士手笔，嵌字手法更表明了是有针对性的创作。大芦村现存的众多楹联中有相当一部分是取自民间古联或是改编格言俗语而成，这些多为通用联，辗转传诵亦能造成讹误，因而有不少联句存在对仗不严谨及出律的问题。

（三）其他楹联

灵山大芦村的顶梁对多是歌颂家族祖先的功德和勋劳的。镬耳楼太公座顶梁对联其一为“祖有德，宗有功，惟烈惟光，永保衣冠联后裔；左为昭，右为穆，以飨以祂，长承俎豆振前徽。”意为祖宗功德显赫长佑后人，永保家族兴旺。镬耳楼太公座顶梁对联其二为“神之格思，无远弗届；道则高矣，日监在兹。”这是一副集句联，言道之境界虽高，却无所不在，人人都在其监察之下，将此联作为格言警示家人要时刻端正言行。镬耳楼旁屋神座顶梁对联为“祀事孔明以介景福；仁新惟宝追配前人。”勉励后人重视祭祀，继承先人德行。

大芦村的劳克中公祠有多副川柱联，“亲其亲长其长；尊者尊卑者卑。”“周中规折其矩；事思亲貌思恭。”这两联言为人处世之本当守道中规。“宗六世衍四支本源上溯劳山绪；面重离位习坎霜露萦怀淑水思。”这一联详述灵山劳氏家族迁徙发展源流。“大地春光艳；芦居面貌新。”“春光咽大地；喜气到人间。”这是两副春联，赞春回大地之喜。

大芦村的屏联有：“洗爵执笾惟循宗庙之礼；燕毛序齿当思兄弟孔怀。”“爵”“笾”皆祭祀礼器，祭祀时身份不同，所执器物亦不同。“燕毛序齿”是说宴饮时当以长幼别座次。这一联意为家人当各安身份，遵循礼法，尊长敬老，可保家族和睦。“好把格言训子弟；须寻生计去饥寒。”这是教育子孙当勤奋学习，追求事业。“读古人书留意经天纬地；为后裔法无忘祖德宗功。”这一联劝勉子弟读书明道，建功立业，泽及后人。

大芦村的灯柱联有：“惜食惜衣，不但惜财兼惜福；求名求利，须知求己胜求人。”这是一副劝人节俭自立的格言联。

不同用途的楹联各有其特色，恰到好处地点缀于建筑的相应位置，彰显了人文色彩，强化了审美感受。保存在古民居中的这些匾额、楹联所占比重虽然不大，但一副配置恰当、内容切题、文字优美的楹联却能成为建筑中画龙点睛的神来之笔，为建筑增辉。这些古代匾额楹联，其创作水平不尽相同，有些思想内容具有时代局限性，有些缺乏文学性、创新性，但作为文化传承的载体，这些古老的文字无论其思想内容是否过时，艺术手法是否高明，都是文以载道精神的体现，是民族精神、传统文化的传承。

（四）楹联荟萃

1. 浦北大朗书院楹联

书院大门联：

大成声振尼山铎，朗润文方浦水珠。

大门走廊石柱外联：

根柢在六经，诗书易礼春秋，须撷古人之精华，莫徒分汉宋门户；宾兴先三物，孝友睦姻任恤，但得多士为倡导，庶蔚成邹鲁乡风。

大门走廊石柱内联：

大开珊网，宏收宝物千枝，要培成管乐奇才，与我国家出力；朗膜冰壶，澈印道心一片，莫误认陆王宗旨，坠他佛老空谈。

二座屋檐石柱联一：

大者法，小者廉，治国视诸斯，于乡可观王道；朗如珠，润如玉，为学亦若是，何地不出人才。

二座屋檐石柱联二：

大山乔岳，一览皆卑，海角有魁儒，讵愧追踪邹鲁；朗月清风，何求不足，道心无滞相，好寻乐趣孔颜。

后座屋檐石柱联：

大观首在诗书，精性理，擅词章，当求郑孔注笺程朱道学；朗诵如闻金石，媲庄骚，追史汉，要使马班伯仲屈宋衙官。

后座木柱联一：

大开广厦，皆先人旧德所遗，若子若孙，登此堂来莫忘高曾规矩；朗照文星，冀后辈儒风勿替，或耕或读，知为学者便是党塾仪型。

后座木柱联二：

大敞规模，振我家祖泽宗功，居同里，祀同堂，俎豆春秋绵奕叶；朗悬衡鉴，蜚他日英声茂实，后立言，先立德，王侯将相兆初桄。

2. 大芦村劳氏家族楹联

祖屋大门联：

武阳世泽；江左家风。

祖屋五座正侧联：

大家露湛；芦舍云连。

祖屋五座顶梁联：

积善之家必有余庆；资富能训惟以永年。

祖屋五座水滴联：

读书好耕田好识好便好；创业难守成难知难不难。

祖屋四座檐柱联：

天叙五伦惟孝友于兄弟；家传一忍以能保我子孙。

祖屋四座屏柱联：

读古人书留意经天纬地；为后裔法无忘祖德宗功。

祖屋五座房门左联：

一生勤苦书千卷；万事消磨酒十分。

祖屋五座房门右联：

书有未曾经我读；事无不可对人言。

祖屋四座顶梁联：

知稼穑之艰难，克勤克俭；守高曾其规矩，不愆不忘。

祖屋四座屏封联：

好把格言训子弟；须寻生计去饥寒。

祖屋四座川柱联：

读书乐为善最乐；创业难守成尤难。

祖屋四座川柱联：

勤与俭治家上策；积而忍处世良规。

太公座外柱联：

敬其所尊，爱其所亲，迩之为仁人孝子；信移于君，顺移于长，远即为义士忠臣。

太公头座灯柱联：

惜食惜衣，不但惜财兼惜福；求名求利，须知求己胜求人。

太公头座神柱联：

念先人立身教家，不外纲常大节；嘱后人继志述事，无忘忠孝初心。

太公头座顶梁联：

祖有德，宗有功，惟烈惟光，永保衣冠联后裔；左为昭，右为穆，以飨以祂，长承俎豆振前徽。

太公神座顶梁联：

神之格思，无远弗届；道之高矣，日监在兹。

新春对联：

对闻炮竹喧哗日；好借桃花点缀春。

忽经去日人添岁；才到新春花满城。

每逢元旦占三有；却喜新春又一年。

况阳春召我烟景；斯陋室惟吾德馨。

阶下芝兰迎旭日；厦前桃李蔼春风。

楼外春阴鸠唤雨；庭前日暖蝶翻风。

传家有道惟忠厚；处事无奇但率真。

四面韶光新岁月；一团和气大家春。

新蒲细柳皆春色；紫燕黄鹂俱好音。

日月天开新气运；笙歌人醉太平村。

乐善常能春意满；洗心觉与岁华新。

每思前辈寻常语；愿读人间未见书。

和气盈门迎瑞气；春光满眼映文光。

到处繁华银世界；一春豪放酒生涯。

绿水青山依旧色；黄童白叟拜新年。

淑气自迎人兰室生香盈岁月；卿云方入户槐庭祥瑞起图书。

春亦多情，鸟向枝头催逸兴；人其得意，梅花窗外放诗怀。

三达堂头座联：

礼达分定，尊者尊，卑者卑，允矣，彝伦攸叙；道迩事易，亲其亲，长其长，丕哉，谟烈显承。

三达堂头座联：

松桷拂云雯，明德维馨俎豆长随沧海远；兰芽纷玉砌，遗编遽守羹墙世捧丝纶新。

三达堂四座联：

积庆仰前徽，世德相承，所爱箕裘绍美；发祥看后裔，家修勿替，还期兰桂腾芳。

三达堂四座联：

念先人立身教家，不外纲常大节；嘱后人继志述事，无忘忠孝初心。

三达堂四座联：

撑柱檐柯凭介质；琢磨事业忆名山。

三达堂四座联：

天增岁月人增寿；春满乾坤福满门。

三达堂四座联：

堂上椿萱辉旭日；阶前兰桂长春风。

三达堂四座联：

孝悌为人生根本；言行乃君子枢机。

三达堂四座联：

忠厚传家安且吉；和平处世炽而昌。

三达堂四座联：

兄弟和其中最乐；子孙贤此外何求。

三达堂四座联：

仰天但使心无愧；做事何须世尽知。

三达堂五座联：

荆树有花兄弟乐；书田无税子孙耕。

三达堂五座联：

春深松柏当庭秀；日暖芝兰入室香。

三达堂五座联：

文章报国；孝悌传家。

三达堂横门联：

门前琪树双环翠；户外方塘一鉴清。

三达堂神座架门联：

旭日临门早；春光及第先。

三达堂五座房右边联：

忍而和齐家上策；勤与俭处世良图。

三达堂五座房左边联：

立身处世皆宜忍；教子千般莫若勤。

三达堂大天井介门联：

大块文章应假我；芦居景色正宜人。

三达堂大院介门联：

门前琪树双环翠；户外方塘一鉴清。

三达堂礼和门口联：

中天运转花开甲；和气春回斗建寅。

三达堂上书房联：

涵养功深心似镜；揣摩历久笔生花。

三达堂下书房联：

鱼跃鸢飞皆性道；水流花放是文章。

三达堂大门联：

东来紫气；园茁兰芽。

三达堂大门联：

书田种粟；心地栽兰。

东园大门联：

东天改岁；园地皆春。

东园大门联：

东升日丽；园集云盈。

东园头座联：

绳其祖武；贻厥孙谋。

东园二座联：

有典有则；是训是行。

东园二座联：

东头日月恩光照；园地乾坤喜气多。

东园二座联：

东升日丽春光好；园集云盈景象新。

东园二座联：

东里德星常拱照；园庭化日履来朝。

东园二座联：

东来紫气家庭泰；园茁兰芽蓄秀枝。

东园二座联：

东壁书有典有则；园庭诲是训是行。

东园二座联：

绳其祖武唯耕读；贻厥孙谋在俭勤。

东园二座联：

两树椿萱开画锦；满城桃李醉春风。

东园二座联：

屏开敢拟三鳝象；门设居然五柳风。

东园二座联：

亘古须眉不老；于今福德犹新。

东园二座联：

东窗书田种粟好；园第心地栽兰香。

二座联：

东亚江山增秀色；园中桃李发光华。

东园二座联：

东报年始升平日；园开新春大有平。

东园二座联：

积善之家必有余庆；资富能训惟以永年。

东园二座联：

教家齐终有庆；成身立自流芳。

东园二座联：

簪缨世胄；孝友家风。

东园二座联：

槐柿播优声，翠竹碧梧根并茂；坛堂盈瑞气，长庚宝婺耀同明。

东园二座联：

东风送暖家家暖；园雪迎春处处春。

东园二座联：

东里安居人长寿；园丁辛勤岁丰收。

东园二座联：

东壁列图书，任从教子教孙，善教家齐终有庆；园庭攻翰墨，当勉成仁成义，名成身立自流芳。

克中公祠大门联：

克尽兴邦责；中全爱国心。

克中公祠大门联：

兰畹留香远；松江衍派长。

克中公祠头座顶联：

不衍不忘，绳其祖武；有典有则，诒厥孙谋。

克中公祠头座外柱联：

春祀秋尝崇礼典；左昭右穆叙天伦。

克中公祠中亭川柱联：

亲其亲长其长；尊者尊卑者卑。

克中公祠中亭川柱联：

周中规折其矩；事思亲貌思恭。

克中公祠二座顶联：

祀事孔明以介景福；仁新惟宝追配前人。

克中公祠二座屏封联：

洗爵执笏惟循宗庙之礼；燕毛序齿当思兄弟孔怀。

克中公祠二座檐柱联：

倚西北为鸿模北阙殊恩沾世德；挹南东之秀气东兰旧址发书香。

克中公祠大门内六角柱联：

立不中门正衣冠凛凛然谨尔候度；出降一等逞颜色怡怡也念昔先人。

克中公祠大门外柱联：

临活水镜陂塘一派清源绵祖泽；倚苍松环翠竹千年老干长孙枝。

克中公祠二座川柱联：

宗六世衍四支本源上溯劳山绪；面重离位习坎霜露萦怀溆水思。

克中公祠二座川柱联：

大地春光艳；芦居面貌新。

克中公祠二座川柱联：

春光咽大地；喜气到人间。

东明堂对联：

东风解冻；明德维馨。
东阁英雄隆际会；明塘学子奋前程。
国富千山秀；家和万事兴。
春风苏万事；喜雨乐千家。
东来紫气常迎面；明媚春光最可人。
东依象岭；明向龙塘。

3. 刘永福故居楹联

一门联：

枝栖古越；派衍彭城。

二门联：

恩承北阙；春满南天。

三门联：

天阶深雨露；庭砌长芝兰。

上厅联：

天地一大动机，观乎蚁磨旋环，不息周流春又到；
家庭自饶佳景，际此鸿钧转运，休嘉备致福无疆。

二厅联：

三春景气佳，点缀岁华，喜门弟共乐，雍熙大启，文明辉世族；
宦德谋诒远，余留善庆，与子侄同殷，继述丕承，基绪耀彭城。

祖厅联一：

我祖宗，常有默佑维持，始克建此根基，忆昔栉风沐雨，戴月披星，历经百战余生，身以辛劳，自念前光仍励志；

汝后人，当思艰难缔造，正宜恪遵家训，尤贵兄友弟恭，夫义妇顺，切戒千般暇逸．力求进步，予年老迈亦欢心。

祖厅联二：

振作仰宏名，创起鸿图居之安，垂暮精神增矍铄；
威严扬烈武，谋诒燕翼声愈茂，崇高富贵耀城垣。

（注：刘永福官封振威将军，三宣堂落成时刘永福亲友以“振威”二字冠顶作一联庆贺。）

刘永福娶媳（三宣堂）系列对联：

（1）头门对联：

大宾满座，小子宜家。

（2）上厅对联：

训子本从严，试观执爵宣言申醮命；
成人当不易，须听鸣鸡交瞀诵诗章。

（3）中厅对联：

老拙久防边，暂脱战袍，匹马旋来还子债；
嘉宾欣戾止，好宣酒令，多杯醉饮趁辰良。

4. 浦北县小江镇宋氏家族楹联

九世祖世元公楹联：

难弟要难兄首十三人为达尊无惭作伯，杖朝隆杖国见四五代之老大莫过于公。
（九世祖世元公自作佳联）

宋安枢所作西坡贯首楹联：

西人教术添新学；坡老文章守旧传。
西望千寻山献瑞；坡环一带水生花。

宋安枢所作春联：

西园日报平安竹；坡野春开富贵花。
西换桃符除岁旧；坡闻爆竹贺新年。

宋安枢所作寿联：

西母桃偷三万岁；坡生椿寿八千秋。
西阁齐眉仁者寿；坡园并蒂老来娇。

宋安枢所作娶联：

西池比目鱼双乐；坡岭同声鸟对鸣。
西瓜多子新成种；坡草能花易合欢。
西宿鸳鸯欣结对；坡飞鸾凤喜成双。

宋安枢所作嫁联：

西鸣鸾凤；坡宿鸳鸯。

西阁催妆梅点额；坡园赠嫁菊簪头。

西席东床优礼婿；坡车塞马惠来宾。

宋安枢所作添丁联：

西面风流香桂子；坡头雨足秀兰孙。

西植桂芳成子熟；坡载兰秀吐王香。

宋安枢所作祠宇联

西河万派朝东去；坡岭千山起祖来。

西阶槐荫三公族；坡岭松封五大夫。

宋安枢闲居所作对联：

西窗剪烛勤求友，坡径扫花敬待宾。

西伯是孙贤继祖，坡公原子鲁为卿。

赠大名景山祠槛联：

景星庆云瑞献呈祥祖庙滔光所观愈大；山高仰止源远流长世泽绵延实孚其名。

萃文学校大门联：

萃拔真高足；文成妙细心。

进城书院门联：

洁已以进；反身而诚。

上八团学堂门联：

尘氛尽扫；文运初开。

小江墟对联：

小鬼弄大神，阴谋诡计弄出来洋洋得意；江虾吞海蟹，梗喉硬壳吞不入白白翻眼。

上阳村娶联：

上乃乾，下乃坤，乾坤配合；阳之日，阴之月，日月团圆。

以藩公母葬绿云头墓碑联：

绿水钟灵秀；云山毓俊英。

以藩公楹联：

寿越七旬荣杖国；祥开四代喜称觞。

（为以兰公七十晋一寿辰而作）

为家材侄孙在小江开商铺“宝华”号贯首联：

宝善发祥名誉雅；华封晋祝德为馨。

重修始祖祠对联：

京兆家声远；太原世泽长。

祖庙辉煌，雷门耀彩，乾柱为依，少微朝供堪谓物华天宝；宗祠鼎盛，掌府呈祥，紫坦正照，南极镇关，足称人杰地灵。

惟善德如山，千秋传泽，爰处爰居绳祖武；妙仙恩似海，万古流芳，课讲课读贻孙谋。

京兆兰吐馥，丕振家声，伟业同乾坤共泰；太原桂腾芳，绵延世泽，宏基与日月齐辉。

祖德宏深，永继太原光后裔；宗恩广大，长承京兆耀前徽。

祖庙参天，含星摘月，必兆螽斯济济千秋业；宗祠拔地，撑月捧云，先知瓜瓞绵绵万世基。

妙仙庙重辉，远绍太原绵世泽；惟善祠再焕，宏开京兆奕家风。

妙仙恩似海；惟善德如山。

祖德宏深光后裔；宗恩广大耀前徽。

源流对联：

根本出商丘，缅殷汤帝业，历代精英，武纬功勋光族史；崇居肇浦北，看陛下芝兰，堂前玉树，文经伟绩振家声。

杨花拱映兆文明，箕裘大振；屋宇生辉呈瑞气，轮奂宏开。

杨树喜成阴，挺秀根枝开万代；屋基欣得所，辉煌堂构振千秋。

龙安塘贯首对联：

龙座创鸿图，地脉钟灵观虎踞；安堂开伟业，人文蔚起看蛟腾。

龙地兴邦，万载人文看鹊起；安塘建业，千秋世泽放鸿图。

龙地为基崇庙祀；安塘凝瑞衍家声。

龙地诒孙谋，如松如竹；安塘立祖庙，俾炽俾昌。

龙地出书香，克振太原骏业；安塘开世胄，丕承京兆鸿猷。

龙地立宏基，祖座辉煌开富有；安塘诒燕翼，孙枝焕发放文明。

龙地钟灵，诒谋燕翼，水绕山环兴宅第；安塘毓秀，创业鸿居，父慈子孝振家声。

龙地开伟业，燕翼传徽，丕振广平鸿烈；安塘创宏基，凤毛济美，足称微子象贤。

西坡贯首对联：

西地奠宏基，祖武克绳，大放龙门绵世泽；坡山钟秀气，人文蔚起，永诒燕翼振家声。

西地有珠玑，卜宅安居，克绳祖武光前烈；坡山凝瑞彩，培兰植桂，诒厥孙谋裕后昆。

西水重添色；坡山复吐辉。

西眺虎踞龙蟠，已得山川胜概；坡观蛟腾凤，起长舒宇宙精华。

赞安枢以梅二公对联：

才高八斗，韬略超群，身荣贵显光宗史；学富五车，经论济世，仕达官扬耀族威。

绳武祠贯首对联：

绳系诗书居榜首；武操戈戟占鳌头。

5. 浦北县小江镇马长田余氏家族楹联

浦北大坡宗祠上遗惯用大门对联：

大宗隆祀典；坡坂为馨香。
宗传陆邑；祠创廉阳。

三厅顶梁对联：

系出西秦，远承宋元明清，世代香烟罔替；族开东粤，上追闽吴化陆，千秋俎豆常新。

系出西秦，备历汉唐宋元明清，千秋书香家声远；族开东粤，上追闽吴化陆廉浦，万代俎豆国华长。

上厅二梁对联：

创业维艰，祖父当年戴月披星，备尝辛苦；守成不易，儿孙今日立身行已，宜戒奢华。

祖由陆邑迁居廉阳，披星戴月克勤克俭，教后代三戒奢华；孙在浦珠恭耕庄稼，发奋图强宜织宜昌，训义方一团和气。

上厅顶梁对联：

报本果何为，奉盛奉牲还奉体；传家无别道，宜忠宜孝更宜和。

陆川陂村宗祠对联：

纯功高万丈；衍德冠千均。

6. 浦北县乐民镇马朗村委马突村覃氏家族楹联

亭面霞蒸快睹花香呈翰墨；檐牙风递旋闻鸟语话文章。

（清朝，马突村保安公祖公三代监生，他便在头厅柱头制作这副固定对联，勉励后人努力读书，勤备向上，恩报祖德。）

7 南陲星珠

NAN CHUI XING ZHU

广西沿海现存古民居分布及其代表建筑概览

一、广西沿海古民居分布

广西沿海地区现存的古民居主要分布于北海、钦州和防城港三市的一批历经百年的老街区、中国历史文化名镇名村、中国传统村落中，还有一批待发掘和保护的明清民宅、客家土围屋等分散隐于村野中。

广西沿海地区有很多老街区，代表性的有北海珠海路、北海中山路、合浦阜民路、合浦中山路、南康解放路、党江老街、钦州中山路、钦州人民南路、钦州占鳌街、钦州板桂街、防城中山路、东兴建设路、那良古街等。这些老街区中现存大量的商住一体的建筑，这类建筑也属于古民居的研究范畴。

钦州市的灵山县佛子镇大芦村、石塘镇苏村、新圩镇萍塘村，浦北县石埇镇老城村、小江镇余屋村、小江镇平马村，北海市的合浦县曲樟乡璋嘉村委老屋村、廉州镇乾江村、山口镇永安村、营盘镇白龙村、涠州镇盛塘村，防城港市的大菉镇那厚村、企沙镇簕山村、东兴江平镇巫头村、上思平福乡平福村等，都以其古民居的独特魅力使所在的村镇荣获了“中国传统村落”或“中国历史文化名镇名村”等殊荣。

（一）北海市古民居分布

北海市现存古民居建筑群约有 35 处（不含商住一体的老街民居），主要分布于北海市区、廉州镇、营盘镇、涠州镇、南康镇、山口镇、公馆镇、曲樟镇、闸口镇、白沙镇、党江镇等。

北海市现存古民居一览表

序号	民居名称	建筑形制	建造时间	坐落地点	建筑规模	建筑特点	其他
1	曲木陈氏围屋	客家土围屋	清光绪八年（1883年）	合浦县曲樟乡曲木村委	占地面积约 6000 平方米	由老城和新城构成，土墙、砖木结构。	
2	社边坡赖氏围屋	客家围屋	清代光绪年间	合浦县闸口镇佛子社边坡村	占地面积 10000 多平方米	石墙、土墙木结构。	

（续上表）

序号	民居名称	建筑形制	建造时间	坐落地点	建筑规模	建筑特点	其他
3	福禄刘氏围屋	客家土围屋	清朝	合浦县闸口镇福禄村	占地面积约23000平方米	石墙、土墙木结构。	
4	杨屋城土围楼	客家土围屋	清中期	合浦县公馆镇扫管村委	占地面积8000多平方米	北海市现存的唯一以红砖为主要建材的土围楼。	
5	沙垠圆山墩土围屋	客家土围屋	民国初年	合浦县公馆镇沙艮村委	占地面积约1000平方米	张姓先祖在南洋创业成功后回乡建造的，带有一定南洋风格。	
6	涠州镇盛塘村古建筑群	中西合璧	约建于1871年	北海市涠州镇盛塘村		火山岩石、珊瑚石修建房屋。盛塘天主堂是北海现存最早的西式建筑之一。	
7	白龙村古建筑群	院落、商铺	明、清	营盘镇白龙村		土墙、砖木结构。	
8	璋嘉陈氏宗祠	院落式传统民居	清朝	合浦县曲樟乡璋嘉村委岐山背村	建筑面积约1000平方米	璋嘉陈氏人才辈出，爱国名将陈铭枢最为著名。	
9	永安村古建筑群	院落、商铺	明、清	合浦县山口镇永安村		土墙、砖木结构。	
10	乾江村古建筑群	院落	明、清	合浦县廉州镇乾江村		砖木结构	
11	乌玉江村大更楼	庄园民居	1932年前后	合浦县党江镇更楼村委	建筑面积约1000平方米	砖木结构	
12	林翼中故居（白沙）	中西合璧式客家围屋	1931—1948年	合浦县白沙镇油行岭村委新城村	占地面积7000余平方米	四角及主人区共有六座三层高的碉楼；主楼高三层，西式风格为主，砖混结构；其余均为一层，传统建筑风格为主。	主楼为红砖墙、平屋顶。

（续上表）

序号	民居名称	建筑形制	建造时间	坐落地点	建筑规模	建筑特点	其他
13	陂膝村彭氏祖祠（文魁）	院落式传统民居	清朝	公馆镇陂膝村委陂膝村	建筑面积约 800 平方米	砖木结构	
14	合浦花楼（槐园）	中西合璧	1927 年	合浦县廉州镇康乐街 1 号	占地面积 5367 平方米	中西结合的近代庭园别墅式建筑群	
15	北海瑞园	中西合璧	20 世纪 30 年代中期	北海市海城区和平路市政府大院内	建筑面积为 548 平方米	两层内回廊四合院式建筑	
16	邓世增故居（监公楼）	中西合璧	20 世纪 30 年代	北海市铁山港区营盘镇彬塘村委玉塘村	占地面积 3525 平方米	主体建筑是一幢四层碉楼	
17	赤西陈氏祠堂	院落式传统民居	清朝	北海市海城区高德街道办事处赤西村委赤西村 198、199 号	建筑面积 335.13 平方米	砖木结构，门阔三开间，进深为二进。	
18	高德苏文良老屋	院落式传统民居	清末	北海市海城区高德街道办事处一居委三街 34 号	建筑面积约 350 平方米	硬山顶，砖木结构，面阔三开间，进深三进。	
19	下卖兆杨氏祠堂	院落式传统民居	清朝	北海市银海区福成镇卖兆村委下卖兆村	建筑面积约 150 平方米	硬木穿斗结构房屋，两面坡硬山顶。面宽三间，进深二进，有 300 多年历史。	
20	南康玉书楼	竹筒屋	民国	北海市铁山港区南康镇南康社区区人民医院职工宿舍大院内	建筑面积约 660 平方米	砖混结构，长 33.5 米，宽 6.5 米。	
21	杨天锡故居	中西合璧	民国	北海市铁山港区南康镇朝阳街 83-89 号	建筑面积约为 1100 平方米	砖混结构	
22	廖愈簪故居	中西合璧	1905 年	北海市铁山港区南康镇陂塘村委陂塘村	建筑面积约为 850 平方米	院落民居	
23	廖瑞荫故居	中西合璧	20 世纪 40 年代	北海市铁山港区南康镇陂塘村委陂塘村	建筑面积约为 1000 平方米	院落民居	

（续上表）

序号	民居名称	建筑形制	建造时间	坐落地点	建筑规模	建筑特点	其他
24	廖国器故居	中西合璧	民国晚期	北海市铁山港区南康镇陂塘村委陂塘村	建筑面积约为300平方米	廊房	
25	陈泰公故居	院落式传统民居	1860年前后	北海市铁山港区南康镇社内村委社内村	占地约3000平方米	土墙木结构	
26	张君嵩故居	中西合璧	民国	北海市铁山港区营盘镇青山头村	建筑面积约为500平方米	土墙木结构、砖混结构。	
27	张午轩故居	竹筒屋	民国	北海市合浦县廉州镇阜民南社区惠爱西路89号	占地约687平方米	砖木结构建筑	
28	大书坊围屋	传统客家围屋	清朝	合浦县闸口镇茅山村委大书坊围屋（黄家祠堂）	占地约8000平方米	石墙、土墙木结构。	
老街区商住一体的建筑不统计。							

（二）钦州市古民居分布

钦州市现存古民居建筑群有62处（不含商住一体的老街民居），主要分布于钦州市区、那蒙镇、长滩镇、板城镇、贵台镇、大寺镇、龙门港镇、黄屋屯镇、久隆镇、那彭镇、那丽镇、灵城镇、佛子镇、三海镇、檀圩镇、三隆镇、旧州镇、太平镇、石塘镇、烟墩镇、新圩镇、平南镇、武利镇、小江镇、石埇镇、寨圩镇、福旺镇、龙门镇、官垌镇、乐民镇等地。

钦北、钦南区现存古民居一览表

序号	民居名称	建筑形制	建造时间	坐落地点	建筑规模	建筑特点	其他
1	刘永福故居	院落式传统民居	清光绪十七年（1891年）	钦州市钦北区宫保街	建筑面积5600多平方米	大小楼房119间。三进五开间院落，有头门、二门、仓库、书房、伙房、佣人房、马房、碉楼等附属建筑。	

（续上表）

序号	民居名称	建筑形制	建造时间	坐落地点	建筑规模	建筑特点	其他
2	冯子材故居	“三排九”传统民居	光绪元年（1875年）	钦州市钦北区宫保街	建筑面积2020平方米	院落式布局，坐北朝南，共3排9座27间，均为抬梁式砖木结构。	
3	那蒙竹山村古建筑群	院落式传统民居	乾隆二十四年(1759年)至光绪二十一年(1895年)	钦州市那蒙镇竹山村	占地28045平方米，建筑面积14021平方米。	院落15座。有梯形和九井十三厅两种平面布局形式。	
4	新月堂古建筑	院落式传统民居	约1850—1910年	钦北区长滩镇屯巷村委新月堂村	占地19040平方米	石头城。城墙顶部砌石不用沙浆，松动的石头可起防盗的作用。	
5	申葆藩将军楼	西式建筑	民国八年（1919年）	钦州市钦南区龙门港镇	占地面积2000多平方米，建筑面积1000多平方米。	回廊式独栋三层花园洋楼	
6	黄植生将军楼	西式建筑	民国	钦南区黄屋屯镇黄屋屯街	建筑面积600多平方米	独栋三层花园洋楼	
7	张瑞贵故居	中西合璧	民国	钦北区贵台镇那统村小学内	占地约1000平方米		
8	郭文辉将军楼	西式建筑	民国	钦南区龙门港镇人民政府大院内	建筑面积600多平方米	回廊式独栋三层花园洋楼	
9	苏廷有故居	西式建筑	民国	原钦州镇医院，位于刘永福故居以北的占鳌街内	建筑面积1000多平方米	独栋二层花园洋楼	
10	冯相荣公馆	西式建筑	民国	原钦南区武装部，即现钦州市博物馆办公区	建筑面积1000多平方米	回廊式三层花园洋楼	
11	冯子材出生地	院落式传统民居	清	钦州市沙尾街133号	建筑面积600多平方米		
12	潘屋堂	院落式传统民居	清朝顺治二年（1645年）	钦州市四马路进步二巷25号	建筑面积800多平方米	三进院落	

（续上表）

序号	民居名称	建筑形制	建造时间	坐落地点	建筑规模	建筑特点	其他
13	许家小院	院落式传统民居	1850 年前后	钦州市五马路北二巷 10 号	建筑面积 480 多平方米	许子平重孙——许崇信的故居，扫把木穿斗式梁架。	
14	那桑村农宅	干栏院落民居	清、民国	钦北区大寺镇那桑村		壮族村落	
15	那丽黄氏宗祠	院落式传统民居	嘉庆二十五年（1820 年）	钦南区那丽镇那丽街	建筑面积 600 多平方米	1994 年重修	
16	新屋坪苏氏古建筑群	围屋	清	钦北区长滩镇马朝村委殿城村	占地约 8000 平方米		
17	张锡光围屋建筑群	中西合璧	民国	钦南区那彭镇六湖村委六湖村	建筑面积 1500 多平方米	围屋建筑	
18	六虾村韦氏祠堂	院落式传统民居	清	钦北区板城镇六虾村委六虾村	建筑面积 1200 多平方米	抗战及中共钦县地下党活动旧址	
19	黄知元故居	西式建筑	民国	钦州市城内街	建筑面积 600 多平方米	独栋三层花园洋楼	
老街区商住一体的建筑不统计。							

灵山县现存古民居一览表

序号	民居名称	建筑形制	建造时间	坐落地点	建筑规模	建筑特点	其他
1	灵山佛子镇大芦村	院落式传统民居	1546—1826 年	灵山县佛子镇大芦村	建筑面积 22 万平方米	有 9 个群落，明清时期岭南建筑风格，有 300 多副明、清时期创作的传世楹联。	
2	新大塘龙武庄园	中西合璧	1900—1921 年	灵山县壇圩镇新大塘村	占地面积 6769 平方米，建筑面积 7588 平方米	角堡院落式民居，民国时期灵山四大塘之一	
3	司马塘宁宅	院落式传统民居	清	灵山县灵城街道粮所	建筑面积约 1600 平方米	民国时期灵山四大塘之一	
4	龙窟塘陈宅	院落式传统民居	清	灵山县檀圩镇龙窟塘	建筑面积约 3000 平方米	民国时期灵山四大塘之一	

（续上表）

序号	民居名称	建筑形制	建造时间	坐落地点	建筑规模	建筑特点	其他
5	榕树塘廖宅	院落式传统民居	清	灵山县三隆镇关塘村委榕树塘村	建筑面积约6500平方米	民国时期灵山四大塘之一	
6	张高镬耳楼	院落式传统民居	清乾隆年间	灵山县旧州镇张高村	建筑面积约6500平方米		
7	太平连科坪	院落式传统民居	道光十二年（1832年）	灵山县太平镇连科坪村	占地面积6000平方米		
8	石塘苏村	院落式传统民居	明朝、清朝	灵山石塘镇苏村	建筑面积69万平方米	15个群落，岭南建筑风格。砌墙用的打磨精细的长条大理石，加工为凹凸面，上下长条石对缝入扣，不用沙浆。	
9	大麓口梁氏古宅	院落式传统民居	清光绪二年（1876年）	灵山县烟墩镇六加村	占地面积约4770平方米		
10	茅针田氏古宅	院落式传统民居	清朝	灵山县烟墩镇茅针村	建筑面积约5000平方米		
11	六加苏孔佳别墅	院落式传统民居	清朝	灵山县烟墩镇六加村	建筑面积约3000平方米		
12	六加苏氏古宅（参军第）	院落式传统民居	清朝	灵山县烟墩镇六加村	建筑面积约2500平方米		
13	六加施氏古宅	院落式传统民居	清朝	灵山县烟墩镇六加村	建筑面积约2200平方米		
14	马肚塘古建筑群	院落式传统民居	清乾隆四十五年（1780年）	灵山县佛子镇马肚塘村	占地面积10423平方米		
15	旧州镇狮岭村委聚龙山村李宅	院落式传统民居	清光绪十四年（1888年）	灵山县旧州镇狮岭村委	占地面积约8000平方米		
16	那福贵古宅（武魁）	院落式传统民居	清朝	灵山县太平镇那富贵武魁村	建筑面积约1500平方米		
17	新圩萍塘村古村落建筑群	院落式传统民居	清朝、民国	灵山县新圩镇萍塘村	占地84000平方米	东大门古建筑保护群、邓冠山祠为传统民居，榨油屋小洋房为中西合璧建筑。	

（续上表）

序号	民居名称	建筑形制	建造时间	坐落地点	建筑规模	建筑特点	其他
18	新圩渌水潘氏宗祠	院落式传统民居	清朝	灵山县新圩镇渌水村	建筑面积约1500平方米		
19	平南新魁村委水溪江村内翰第（梁天琛宅第）	院落式传统民居	光绪二年（1876年）	灵山县平南镇新魁村委	占地面积约4000平方米		
老街区商住一体的建筑不统计。							

浦北县现存古民居一览表

序号	民居名称	建筑形制	建造时间	坐落地点	建筑规模	建筑特点	其他
1	余屋镬耳楼古建筑群	院落式传统民居	嘉庆年间（1796年）	浦北县小江镇长田村委余屋村	建筑面积5000多平方米	岭南建筑风格，硬山风火墙构造，墙头高出屋面逾3米，灰塑精美，两侧风火墙设计对称，形同锅耳。	
2	坡子坪村委老城村古建筑群（香翰屏将军故居）	中西合璧庄园别墅	1929年、1936年	浦北县石埇镇坡子坪村委老城村	建筑面积5044平方米	分为增城子、嘉李园两个部分，是一座集西方建筑风格和中国传统古建筑特色于一体的别墅式、庄园式的将军府邸。	
3	西坡村宋氏宗祠	院落式传统民居	清道光二十六年（1846年）	浦北县小江镇六新村委	占地面积约600平方米		
4	龙安塘村宋氏宗祠	院落式传统民居	清光绪二十四年（1844年）、民国九年（1920年）	浦北县小江镇六新村委	占地面积约1200平方米	包括宋氏祖祠（琮公祠）和宋氏大宗祠（嗣康、嗣宁公祠）两个院落	
5	洗马湖村廷怀家塾	院落式传统民居	清光绪十六年（1890年）	浦北县小江镇六新村委	占地面积约700平方米		
6	大罗坪村宋氏围屋	客家围屋	清朝	浦北县小江镇新南村委	占地面积约8万平方米		

（续上表）

序号	民居名称	建筑形制	建造时间	坐落地点	建筑规模	建筑特点	其他
7	糯粳垌村宋氏宗祠	院落式传统民居	清朝	浦北县小江镇沙场村委	占地面积约700平方米		
8	小江镇平马村（大朗书院、伯玉公祠）	院落式传统民居	清朝	浦北县小江镇平马村	建筑面积4000多平方米	由客家民居建筑群组成。采用砖、瓦、石、木的传统结构与小型园林风格相结合，高雅别致。	
9	栏门覃宅	中西合璧围龙屋	1937—1945年	浦北县寨圩镇栏门村	占地面积约1600平方米	二层青砖墙瓦顶围龙屋	
10	莞塘吴斗星故居	中西合璧庄园别墅	1940年前后	浦北县福旺镇莞塘村	占地面积约2万平方米		
11	龙门平洞村谢宅	中西合璧庄园别墅	民国	浦北县龙门镇平洞小学内	占地面积约1000平方米		
12	新屋坡村郭宅	院落式传统民居	清朝	浦北县官垌镇大岸村委新屋坡村	建筑面积800多平方米	角堡院落式民居	
13	亚旺龙胆大屋	院落式传统民居	清朝道光年间	浦北县寨圩镇亚旺村委	建筑面积3112平方米	“三排九”布局	
14	土东西翰村古民居	客家土围屋	清朝	浦北县寨圩镇土东村委西翰村	占地面积约500平方米	黄氏先祖用了近3年时间，在正座、二座（共20多个房间）四周筑厚1米、高10多米的围墙。	
15	马突村覃汉大屋	院落式传统民居	1834年	浦北县乐民镇马朗村委	占地面积约3.3万平方米		
16	塘坪坡李宅	院落式传统民居	清朝	浦北县平睦镇新塘村委塘坪坡村	建筑面积约2000平方米		
17	沙坡彭宅	院落式传统民居	1880年前后	浦北县官垌镇沙坡村	建筑面积约2100平方米		

（续上表）

序号	民居名称	建筑形制	建造时间	坐落地点	建筑规模	建筑特点	其他
18	凤山李宅	院落式传统民居	1920年前后	浦北县福旺镇凤山村	建筑面积约3000平方米		
19	南江村黄宅	院落式传统民居	清朝	浦北县福旺镇北兰村委南江村	建筑面积约4000平方米		
20	笒竹村建筑群	院落式传统民居	清光绪年间（1875—1908年）	浦北县官垌镇大岸村委笒竹村	占地1600多平方米	屋顶及内外墙雕花刻画，极尽其工，天井等多处有窗花，并有石狮。	
老街区商住一体的建筑不统计。							

（三）防城港市古民居分布

防城港市现存古民居建筑群有16处（不含商住一体的老街民居），主要分布于防城街、东兴街、江平镇、那良镇、大菉镇、企沙镇、平福乡等地。

防城港市现存古民居一览表

序号	民居名称	建筑形制	建造时间	坐落地点	建筑规模	建筑特点	其他
1	刘永福故居（那良）	院落式传统民居	清光绪十二年（1886年）	东兴市那良镇大坡村	占地面积约659.75平方米	两层砖瓦结构。共12间，分上下座。	
2	杨南昌庄园（望龙楼）	中西合璧围屋	民国	防城区那良镇范河村范河林场内	占地712平方米	清末秀才杨南昌所建，砖木结构、中西风格结合的围屋建筑。	
3	陈济棠故居（东兴）	法式建筑	民国	防城港市东兴市永金街陈公馆	建筑面积2800平方米	青砖清水墙的两层花园别墅，分主楼和副楼，两楼中间用弧形的天桥连接。	
4	企沙簕山李氏古宅	院落式传统民居	清	防城港市企沙簕山村	建筑面积约2400平方米		

（续上表）

序号	民居名称	建筑形制	建造时间	坐落地点	建筑规模	建筑特点	其他
5	那厚村古建筑群	院落式围屋民居	清末［道光六年（1826）年始建］	防城港市防城区大菉镇百里村委那厚村	建筑面积约3200平方米	砖木结构悬山顶，青瓦屋面，石头基础，墙体中部用青砖、上部用土坯砖砌筑，围屋四角设有碉楼。	
6	平福村古建筑群	干栏、院落式民居	清	上思平福乡平福村			
7	陈树坤旧居	西式洋楼	民国	防城区防城镇人民路镇政府大院内	建筑面积约780平方米	砖混结构，仿西洋风格三层楼房。青砖砌体。	
8	维伯堂（继园）	中西合璧	民国	防城区防城镇中山路188号	建筑面积约1465平方米	二层砖混洋房，陈济堂与其兄陈维周所建。	
9	陈树雄故居（肇英堂）	围屋民居	1935年	防城区防城镇教育路原防城第一招待所内	建筑面积约1600平方米	砖木结构双层围屋	
10	邓本殷旧居	中西合璧院落式民居	民国	防城区茅岭乡大陶村红旗组	占地约1000平方米		
11	凤池堂	中西合璧院落式民居	1930年前后	防城区茅岭乡茅岭粮所内	占地约700平方米	砖木结构，房屋正立面前为欧柱券廊装饰。	
12	彭智方旧居	院落式传统民居	民国	防城区茅岭乡美丽村新屋组7号	建筑占地1077平方米	四角有雕楼	
13	廖道明故居	西式洋楼	民国	防城区那良镇滩散村	建筑面积约900平方米	土墙、砖混结构。	
14	李培侬故居	法式建筑	民国	东兴市江平镇解放路中心小学附近	建筑面积约1200平方米	砖混洋房	
老街区商住一体的建筑不统计。							

二、广西沿海古民居概览

（一）钦州刘永福故居

刘永福故居又名“三宣堂”。刘永福在越南抗法战争中屡立战功，被越南王封为三宣提督，其故居据此命名为“三宣堂”。

刘永福（1837—1917 年），字渊亭，广西防城港市那良人，雇工出身。1857 年，在太平天国革命影响下参加天地会起义军。1864 年在归顺州（今靖西）安德组织黑旗军。在中法战争中，率领黑旗军抗击法国侵略者，先后取得罗池大捷、纸

图 7-1　钦州刘永福故居

图 7-2　钦州刘永福故居

桥大捷、临洮大捷等，还抗日保台，打击日寇，是中国近代史上的民族英雄。晚年受孙中山“三民主义”的影响，加入了同盟会。

图 7–3　钦州刘永福故居

“三宣堂”建筑群位于钦州市板桂街 10 号（古称下南关）。建于清光绪十七年（1891 年）。占地面积 22700 多平方米，建筑面积 5600 多平方米，有房屋 119 间。

建筑群主座坐北向南，屋有三进，每进阔五开间，左右后三面厢房围绕，前有照壁和池塘，形成“围龙屋”格局。每进屋为两层高的瓦面楼房，中三开间相通为厅，抬梁式结构，进间天井两边是双层廊房。建筑装饰华美、雕梁画栋。前座门额上有“钦赐花翎”的直匾，配以“天阶深雨露，庭砌长芝兰”的对联。门口高三米多，设双层门，外层是富有南方特色的“拖栊门”，内层是厚实的格木板门。

除主座外，还有头门、二门、仓库、书房、伙房、佣人房、马房等一批附属建筑以及戏台、花园、菜圃、晒场、围墙等设施，四周围墙设密集枪眼，围墙四角的炮楼遥相呼应，构成严密的防御体系。头门临江向东，有醒目的“三宣堂”大字匾额，两边的对联是：“枝栖古越，派衍彭城。”进头门，经过 30 多米的龙眼飘香的过道，便是一座两层楼房结构的二门。门额上原来悬挂着“建威第”的金字大匾，两侧配以“恩承北阙，春满南天”的对联。过二门则是开阔的广场。广场南面是一个巨大的照壁，上书“卿云丽日”，字迹圆润秀雅。

主座左侧为谷仓及晒场。谷仓一排 10 间，建筑面积 300 多平方米。

（二）钦州冯子材故居

冯子材故居又称冯公堡，位于钦州市内城北白水塘。

冯子材（1818—1903 年），钦州人，字南干，号萃亭，清末将领，历任广西、贵州提督，1882 年告老还乡。中法战争爆发后，已 67 岁的老将冯子材奉旨募兵，组军开赴前线，在镇南关（今友谊关）“短衣草履，佩刀督队”，浴血奋战，于 1885 年 3 月大败法军，并乘胜追击至越南文渊、谅山等地，共歼法军 1000 多人，

图 7-4　钦州冯子材故居

取得名震中外的镇南关大捷。

冯子材故居建于 1882 年，占地 21025 平方米。建筑面积 2625 平方米，大小房屋七十余间，还有门前大广场、鱼塘、水井、花园、果园等，外筑围墙，规模宏大。

主体建筑依坡而建，坐北朝南，后高前低，面积 2020 平方米，三座三进“九宫格”院落式布局。每进五开间，中三开间共享为厅，两侧为房，房分上下两层。前后进间有廊房（厅）相连，四面围合天井。左右座之进间有过厅相连，整个院落相通为一体。

图 7-5　钦州冯子材故居

墙体均为水磨青砖，清水

图 7-6　钦州冯子材故居

墙灰缝匀直。硬山顶，灰沙筒瓦盖。各厅为抬梁式木结构，梁、柱为珍贵的格木制成。浮雕装饰简洁、朴素、典雅。

（三）钦州那蒙竹山村古建筑群

竹山建筑群位于钦州市钦北区那蒙镇竹山村，建于乾隆二十四年(1759年)至光绪二十一年（1895年）间。有院落15座，名为：赞府第、司马第、中军第、明经第、五福堂、城起堂、三德堂、九如堂、绳武堂、世禄堂、安福堂、仁礼堂、贞吉堂、华荣堂、祠堂，占地28045平方米，建筑面积14021平方米。现存较为

图 7-7　钦州那蒙竹山村古建筑群

完整的是九如堂。平面布局主要有梯形和九井十三厅两种平面形式。

梯形布局形式的主体建筑呈前宽后窄（开间数以单数递减）的梯形形状。如赞府第，纵向三进。第一进7开间，明间是门厅，次间和尽间是卧室，梢间作客厅；通过12米深的院子，为第二进，5开间，明厅是过厅，次间和尽间是卧室。通过3—4米深的院子，进入第三进，仅3开间，正间是祖厅，两边是卧室。外围以围墙和厢房。

九井十三厅布局形式的主体建筑为纵向中轴线三进布置，每进7开间，进前两侧设廊房（厅），建筑物内围隔成9个天井，共设置13个厅。其代表为九如堂。

每座建筑院落通常是前低后高。这种局势一方面是依坡度地势而为之；另一方面则是等级观念的体现，祖厅放在最高处，长辈也在最高处居住。

竹山古建筑群的雕刻绘画精巧细腻。封檐板有木刻浮雕，图案有燕山教子、丁山射雁、姜太公钓鱼等民间故事及荷花雪梅，缠交花卉、吉祥行云等图案。

挑手共有22种类型，花样层出不穷。所雕龙凤、花草、狮猿等物，形态逼真，呼之欲出。挑手出挑长度1.2—1.5米，最短为0.6米，有双檩双挑、双檩三挑、三檩三挑等。挑手和檩之间的构造方式多样，有的在穿枋下加插拱来承檩，有的加托挑来承檩，有的以曲柔的猿臂挑手上托荷花墩、莲蓬头等承檩，体型虽不大，却有烘云托月之效。猿臂挑手在国内极为少见。

厅堂的梁罩饰以金彩丹描、构图巧妙、刀法劲道的木刻浮雕。浮雕上有形象生动的双龙戏珠、金雀戏水、鲤鱼吐泉、金蟾朝月、狮子戏球等图案。不但气派堂皇，而且衬托出主人地位的尊贵。

图7-8　钦州那蒙竹山村古建筑群

门扇、窗格、屏风均镂刻各种花鸟虫鱼及人物图案，花样繁多。虽然大多已油漆斑剥，但风韵犹存，不失精妙。

九如堂有壁画77幅，内容有长辈训语、官吏祝颂、文人题词以及山水、花鸟虫鱼等，充分运用文学、绘画、书法等手法，造就了浓郁的文化艺术环境气氛，体现了主人所企求的意境，使建筑有了文化格调，并起到启迪和陶冶情操的作用。

图 7–9　钦州那蒙竹山村古建筑群

（四）钦州长滩镇新月堂古建筑群

新月堂古建筑群位于钦北区长滩镇屯巷村委，始建于 19 世纪 50—60 年代，距今已有 150 多年的历史，由黄氏祖先恒伟公（1795—1857 年）选址、规划筹建，其子仁培公、南培公、卿培公续建，前后达 60 年之久。

新月堂古建筑建在花岗岩为底的地块上，走进这个村子，一下就置身于石头的世界：石楼石阁、石房石院、石桌石凳、石磨石碾、石道石巷、石桥石栏，连围墙也是石头砌成。

新月堂古建筑是一组砖石木结构，悬山双坡瓦面庭院建筑。古建筑分为三个大院落，即东边屋（德润堂）、中间屋（中和堂）和西边屋（达德堂）。外围用花岗岩砌成城墙，城墙长 112 米、宽 170 米、厚 50—60 厘米，高约 8—9 米。城墙顶部砌石不用沙浆，松动的石头可起防盗的作用。城墙设有炮楼，城内设有

图 7-10　钦州长滩镇新月堂古建筑群

泉井，流水潺潺，清澈如镜。三座古建筑一致，每座为三进，俗称三排九，第一进有台阶小天进，两边则为厨房，第二进与第三进之间有个大庭院，专供举办大型宴会用，还有台阶、檐柱、柱础，庭院两边为宽敞的东客厅和西客厅。村里的老人回忆说，以前还设有花园、书院、娱乐场。整个建筑群体现中西结合的建筑艺术特色。最让人印象深刻的是庭院内的雕刻，无论是木雕、砖雕还是石雕，均工艺精湛，匠心独运。如建筑上的挑手均雕龙画凤绘草，挑面之间雕有不同的色样，有的雕成莲花顶桃，似猿臂形样，上有荷花托墩、莲蓬头；会客厅的壁画色彩鲜艳，式样

图 7-11　钦州长滩镇新月堂古建筑群

繁多，绘画线条精细，图像分明；屋上的桁条瓦板均用油色绘上，突出配景；门楼上木制弯曲造型，式样美观。

图 7-12　钦州长滩镇新月堂古建筑群

（五）钦州市钦南区龙门港镇申葆藩将军楼

申葆藩故居，位于钦州市钦南区龙门港镇东南的小山坡上，人们称之为将军楼。建于民国八年（1919 年），占地面积 2000 多平方米，建筑面积 1000 多平方米。整栋楼房为钢筋水泥结构，平面略呈方形，高三层，每层正面中间均有半月形阳台，楼顶四角设有炮楼。今保存基本完好。

龙门岛位于茅尾海出口，是水上进出钦州的门户，因为山脉自西向东蜿蜒起伏如龙状，前屏左右山岭东西对峙如门，扼茅尾海与钦州内湾出口，故名“龙门”。龙门岛为历代兵家必争之地，所以素为国防要地，明代以来就在此修筑炮台以御

图 7-13　钦州市钦南区龙门港镇申葆藩将军楼

图 7–14　申葆藩将军楼

外敌。登此楼顶，不仅可览潮涨潮退、日出日落奇景，更重要的是可控百里海面，十分险要，确有一夫当关，万夫莫开的气势。中华人民共和国成立后曾为驻龙门港海军司令部所在地。

申葆藩是钦州人，据传，他1877年诞生在龙门一个星相师的家里，在两岁时他便被同乡中一个叫申四公的人收养，取名申葆藩。长大后，追随当时广西军阀陆荣廷征战两广，战功赫赫，官至广州江防司令。有一段时间他追随孙中山，官至革命军广东司令官。后来，他又追随陈炯明八属军，官至副总指挥兼第二军军长。

1919年，申葆藩回到家乡龙门，从香港运来建材，从广州市请来建筑设计师，从合浦请来工匠，建成这龙门最高、最坚实的洋楼。

图 7–15　申葆藩将军楼

1939年，将军楼因其地势的显要，在日军登陆龙门岛时竟成了鬼子主要的攻击目标，楼上的砖墙今天依然可见当年的弹痕。可控百里海域的将军楼，在日军数十艘登陆艇、快艇，及各种炮艇、大军舰的进攻下，被攻陷。

（六）钦州三马路南巷潘屋堂

潘屋堂，位于钦州市四马路进步二巷25号，是始迁祖潘兆鲛、兆鳄、兆鲤、兆鳞四兄弟于清朝顺治二年（1645年）由广东省南海县迁来钦州时所建之宅，至今已有350多年的历史。

图 7–16　钦州市三马路南巷潘屋堂

图 7–17　钦州市三马路南巷潘屋堂

潘屋堂是院落式建筑，坐北朝南，分上、中、下三进，各进均为5开间，进间皆有一个40多平方米的天井，两侧由厢房连接，全屋属砖木结构，双坡瓦顶，青砖硬山墙。下座的门口高大宽敞，门额悬挂着“参军第”牌匾，字迹清晰，笔锋刚健有力。中座设客厅，三开间共40多平方米的空间，抬梁式结构，采用直径约50厘米的扫把木作为立柱，整个结构严谨，外表红漆金线，古朴庄严。木质屏风门上刻着“一乡善士”四个漆金文字。相传清道光年间，钦州发生严重的灾荒，潘氏祖上行善积德，慷慨解囊，无偿帮助邻里村民共渡难关。灾荒过后，四乡邻里村民为报答救命之恩，自发捐资请匠人在门上刻制“一乡善士”四字以作敬赠。上座中间厅为潘氏祖公厅，厅内设有祖公神台，上额龙凤朝阳浮雕工艺巧夺天工，五个神主大牌位，威严肃穆；钦州潘氏先辈刻名立牌，漆金的牌位安放于神台之上，供后人瞻仰；几个大香炉香火旺盛，烟雾袅袅，终日不息。潘屋堂是钦州市内最古老的建筑群体之一。

（七）钦州五马路北巷许家小院

许家小院，位于钦州市五马路北二巷10号。由许子平的重孙——许崇信所建，距今已有160多年的历史。

图7-18　钦州市五马路北巷许氏故宅

根据其族谱记载，许子平原籍福建，清朝贡生，授钦州儒学官（主管地方教育长官）。从福建携妻带子来钦州上任，后来部分子孙回福建原籍；部分留钦州，主要是在城内居住。其重孙许崇信在钦城外大营（即现址）置得屋地一幅，建有正屋上下两进，屋前、后、右三边作果园，左边为大鱼塘，大门为后来续建。

现今，两进正屋、廊房、大门组成的院子整体保持完好，果园和鱼塘已不复存在。

图 7–19　钦州市五马路北巷许氏故宅

许家小院为上下两进五开间正屋。上进中间为祖厅，左右各两房；二进中间三开间为客厅，左右各一房。两进间天井的两侧为廊房，天井水从二进地板下排水，暗沟呈蛇形弯曲向外排出。硬山式双坡屋顶，正脊、垂脊皆是两端上挑的灰沙脊。墙体青砖砌成，青瓦盖顶，滴水处有精美的瓦当。

图 7–20　钦州市五马路北巷许氏故宅

该宅上进为穿斗式梁架（这种梁架形式广西沿海现存民居中属首次发现），中柱、金柱木材为质地坚固耐用的扫把木，左右两边金柱间各用木板隔开为房，中间屋后两金柱间也用板分隔开，前为祖厅，后为宫背房。两中柱上端前后侧有旋纹（抱梁云）木雕饰，形同两个可爱的羊角。左右廊房的梁架为穿斗抬梁混合式结构，别致的叉手（瓜柱）造型简洁。屋地面用拼花青砖铺成，天井用青砖拼铺而成。门窗虽然有些破烂，但还是原木料，未曾更换过。

从建筑用料、雕刻纹饰、施工工艺看，整座建筑简洁明了，具唐宋遗风，院子宁静文雅。

（八）佛子镇大芦村古建筑群

大芦村古建筑群，位于钦州市灵山县佛子镇大芦村。明朝嘉靖年间，县儒学廪生劳经卜居大芦村，为大芦村劳氏始祖，明朝中期到清朝末期，大芦村劳氏祖辈创业守成，先后建立沙梨园、镬耳楼、三达堂、东园、双庆堂、东明堂、蟠龙堂、陈卓园以及富春园九处古建筑群，以及克中公祠，建筑群占地总面积达 22 万平方米，保护面积 45 万平方米。

保护完好的整个建筑群跨明、清两朝，布局规整，尊重自然，格局优美。宅前半亩方塘荔映红，屋后北斗七星苹树茸，村旁潺潺清溪绕。劳氏先人建设古宅

图 7-21　灵山县佛子镇大芦村古建筑群

图 7-22　灵山县佛子镇大芦村古建筑群

时，沿着山溪流向，就地取势，取土挖泥，开湖围堤，营造一个湖光山色的生态环境。堤上荔枝，枝繁叶茂，犹如华盖，每当硕果挂满枝头，便应“红运当头”之说。屋后山七棵荜树按北斗七星形栽种。“荜”即笔也，喻意文章显世，同时高耸的荜树也可补屋宅后靠低之不足。

各个群落的围墙以内，分别由地形自内而外依处递低的三至五四合院串联，以廊分隔并列的主屋和辅屋组成一个整体。当时长幼起居，男女、主仆进退，都有严格的等级规定。房梁、柱础、抖拱、檐饰脊饰的石刻木雕寓意吉祥，构图精美。

大芦村古建筑群规模宏大、气势恢宏，功能齐全、保护完好，生态环境优美，具有明清建筑技术、装饰艺术、民俗文化的积淀，是了解当时社会的宗法制度及民情风俗的活化石。1999 年灵山县人民政府将其定为重点文物保护单位。广西民间文艺协会、广西楹联协学会授予大芦村“广西楹联第一村”的荣誉匾额。明清两朝以来沿用了数百年，位置固定的楹联，据调查整理出来的就有 300 多副，这个数字不包括现代劳氏后人所创作的新联。

图 7-23　灵山县佛子镇大芦村古建筑群

大芦劳氏古宅群的门口、厅堂和楼房上至今还悬挂着匾 17 块，其中镬耳楼祖屋 4 块，三达堂7块，东园6块，大致上可分为居室标记匾、科名匾和诰封匾、贺匾4类，均是清朝时期文物。

镬耳楼是大芦劳氏祖屋，又名四美堂。由前门楼、主屋、辅屋、斗底屋、廊屋和围墙构成，占地面积4460平方米。明朝嘉靖二十五年（1546年）始建，崇祯十四年（1641年）于前门楼和主屋第二进营造镬耳状封火墙，至清朝熙五十八年（1719年）完成这座整体建筑。房屋结构功能齐备，明末清初岭南豪宅的建筑风格特征明显，所透露出来的等级制度观念气息浓烈。

三达堂，清朝康熙三十年至五十八年（1691—1719年）建造，占地面积4400平方米，取达德、达才、达智之义起堂号，寓意“三俊”。

东园，由大芦村劳氏第八代的劳自荣兄弟三人建于清二十二年（1747年），占地面积7750平方米；有简朴无华的前门楼，宽广的大地院。装饰工艺典雅别致，文物丰富珍贵，氛围静谧祥和，是古代因地制宜营造法式和书香世家理论观念的综合体现。

双庆堂，由大芦村劳氏十一代的劳常福、劳常佑于1826年所建，寓意兄长弟恭，才行并美。门户自成体道相通，占地面积约2900平方米，房屋高大宽敞明亮，注重居所的实用性和舒适感，脊饰、檐饰和椅桌、床工雕绘，讲究气派和排场，斗底屋的挑手均题有浓墨重彩性的对联，对楹联情有独钟。

图7-24　灵山县佛子镇大芦村古建筑群

（九）新大塘龙武庄园

新大塘龙武庄园，位于灵山县城西部10千米处的檀圩镇新大塘村。

龙武庄园由新大塘村人劳廼猷、劳廼祥、劳廼孚、劳廼心四兄弟合资，于1900年开始建造，到1921年竣工，历时21年。总占地面积6769.68平方米，建筑面积7588.06平方米，是民国时期灵山四大塘之一。据说，建设新大塘时，光

图 7-25　新大塘龙武庄园

是青砖，就专门有几个有名的砖窑在 10 多年时间里烧出以供给新大塘。龙武庄园在清末、民国的时候，是非常有名望的庄园。该庄园坐北向南，整体布局为“回”字形，墙体均以水磨青砖构建，极为坚固。共有110间房屋，它一共有头、二、三、四进，左右两层廊屋，屋内名贵木材的横梁、斗拱、檐柱均有工艺精美的雕刻装饰，古色古香。庄园的四个角分别建有四座炮楼，高达 6 层，外设枪眼凸鼓，防御功能非常强。新大塘龙武庄园体现了清末至民国初年中西结合的建筑艺术特色。

图 7-26　新大塘龙武庄园

（十）榕树塘廖宅

图 7–27　榕树塘廖宅

榕树塘廖宅，位于灵山县三隆镇北部关塘村。村子四面环山，村前地形开阔。榕树塘廖宅整个庄园占地据说有 40 多亩，建于清末民初。留传现在的正门，为“大榕佬”家族所建，三进布局，青砖瓦房，典型的明清风格。建筑物饰品具有较高的艺术水平，在建筑物的护檐、挑檐、墙壁等处，有许多人物肖像、飞禽走兽、花草树木的雕塑，维妙维肖，栩栩如生。村后和左右有长数百米、高二丈余（约 6.7 米）、厚约二尺（66.7 厘米），用糯米煮浆混合沙石泥土筑成的围墙。围墙几个险要位置，建有几座炮楼，互为犄角，镇守村子，其中有一名叫“九层楼”的炮楼，布满枪眼，从地面起计高数十米，楼上可俯瞰全村，村内组建有武装民团驻守，守卫森严，外人不能轻易进入。

图 7–28　榕树塘廖宅

（十一）连科坪仇氏荣封第古宅

连科坪仇氏荣封第古宅，位于灵山县太平镇连科坪村。道光十二年（1832 年）始祖仇海忠买下连科坪建设荣封第，历时 20 年落成后，带领全家 12 人由两美村（原名岭美村）移居于此。

图 7-29　连科坪仇氏荣封第古宅

仇诲忠（1788—1861 年），字教之，号纳轩。八岁丧父，稍长读书参加童生试均拔置前茅，母亲去世后家务羁绊，未入县儒学肄业；嘉庆二十一年（1816 年）以捐纳监生身份加捐守御所千总候选，道光十六年（1836 年）获得皇帝授予武德骑尉封典。

荣封第古宅原有房屋 108 间，占地面积 6000 平方米。主体五进深"三排九"结构（每进由正座、小院、外廊构成，横排 9 间）。道光二十五年（1849 年），为防御天地会，在大宅院的四角分别增建碉楼。同治三年（1864 年）清政府镇压了太平天国起义重开科举考试后，再在后围墙外建设书院进修斋。1939 年 11 月侵华日军在钦州登陆，为防避兵祸又先后给部分房屋加建夹墙。而今基本保持原貌的屋舍尚有 70 多间。

图 7-30　连科坪仇氏荣封第古宅

荣封第古宅属岭南风格的传统院落，头、二进均是“三间两耳”（正房 3 间，耳房 2 间）、“明一暗二”（厅堂 1 间，厢房 2 间）。厢房为上房，头进正中为祖厅，二进正中为女厅，外人及执役男女不可入内；三进的三开间厅是会客场所。这些厅堂两侧各有一个回廊通绕的四合院，是家庭成员的住所及其附属屋舍，尊卑有序，严格区别，自有天地。各进之间交通不必经过厅堂，既珠联璧合，又独立成章。

三进与四进间的天井是原土天井，并没有铺上砖头、石块之类，据说根据风水学说“荣封第”的格局为“人形地”。该处代表着人的心脏，动不得，否则会伤及宅运，影响宅主及家人的运数。

三进与四进之间的天井两边，廊屋两两相对，那前后也是“三间两耳”“明一暗二”型式的男、女客厅，堪称经典之作。前向的叫司厅，是男主人书房兼接待贵宾的套间，小厅前格扇门的浅浮雕、通雕工艺精湛，格栅透风采光；大檐前廊，可以出入三厅、偏院，格调清雅。女性专用的客厅叫花厅，俗称倒朝厅，小檐廊分别与四厅和内院通行，氛围素怡。

图 7-31　连科坪仇氏荣封第古宅

四进的过厅设置屏风门，平时紧闭忌避夕阳，惟有重大事故或贵客来访才“打开中门”迎瑞纳福，营造出既肃穆又规围的气氛。四、五进之间即前庭院，以前外人至此须止步，非请勿进。四进正门两侧外墙平胸高处各嵌有两块花岗岩拴马石。五进为倒座，不设门楼，墙垣式大门两边分别是门房。建筑的布局显示出主人家豁达庄重、文武相济的气概。

（十二）苏村古建筑群

图 7-32　苏村古建筑群

苏村古建筑群，位于灵山县石塘镇。现存明清建筑 15 个群落，建筑面积 69 万平方米，分属苏、丁、刘、陈、杨、卢、张姓物业。这些建筑中以刘氏祖居规模最大，由大夫第、司马第、鹾尹第、二尹第、司训第、贡元楼和刘氏宗祠七座大理石、青砖、童子瓦结构的镬耳楼群落相接组成，建筑面积 6000 平方米，属岭南风格建筑。苏村古建筑群建于清朝初年，至今已有 400 多年的历史；内部曾遭匪患放火烧毁，后简单修复，外观基本保留原貌。

苏村古建筑群用大量大理石作为建筑材料，特别是砌墙用的长条石，其打磨

图 7-33　苏村古建筑群

加工的精细程度令人叹为观止：长条石的砌筑面并非加工为平面，而是呈凹凸面，上下长条石叠加，刚好对缝入扣，毋需和沙浆砌筑。

苏村是一幢古老而独具特色的建筑群，有石雕、木雕、陶瓷、灰塑及彩绘等，正面檐墙上部有白色莲花瓣灰塑，装饰精细，栩栩如生、惟妙惟肖。

（十三）大麓口梁氏古宅

大麓口梁氏古宅（参将第），位于灵山县烟墩镇六加村，由梁天旒父子始建于清光绪二年（1876 年），已经历了 140 年风雨飘摇的历史。

梁天旒、字壮冠。在 50 岁那年[即

图 7-34　大麓口梁氏古宅

清同治三年（1864 年）］乡试考中文举人。巧的是，同年他的 6 个儿子也分别考中文、武举人（4 位武举人，2 位文举人），父子 7 人同年中举，实属少见，在当时传为佳话。后梁氏父子在大簏口村择风水宝地建成这座大宅——参将第。大宅外有一个峨眉月形的人工池塘，其风水寓意财源聚集；大宅的大门楼是镬耳楼形状，显得非常庄重肃穆；一个宽阔的大天井（面积超过 800 平方米，能摆上 120 台酒席）连接这座大屋的前厅与中厅。古朴的青砖、斑驳的壁画、高大的石柱、厚重的屏风、精巧的琉璃窗，还有嵌入墙体中的拴马桩……显现出这座百年古宅的独特韵味。

图 7–35　大簏口梁氏古宅

（十四）马肚塘古建筑群

马肚塘古建筑群，位于灵山县佛子镇马肚塘村，清朝乾隆四十五年（1780 年）

图 7–36　马肚塘古建筑群

图 7-37　马肚塘古建筑群

开基始祖刘永广定居于此，创建住宅两全堂（即祖屋），主体建筑用地 1330 平方米。整个古宅群包括两全堂（祖屋）、三多堂、三才堂、四宝堂、五福堂、六彩堂 6 个院落，主体建筑占地总面积 10423 平方米。

刘永广为训示后代子孙，在祖厅两则悬挂顶梁长联：“创业无别策追思高曾祖孝相承莫非勤俭，处世有良图诚知古今上兴起不外读书耕”。后代子孙秉承祖训，勤奋好学，人才辈出。

嘉庆十四年（1809 年）朝廷恩科选拔国子监生，刘仕康（1767—1820 年）名列前茅，获得（例）监生资格，广东巡抚和布政使名题赠“国魁”匾额，悬挂第一进大门楣以示祝贺。刘权求、刘礼求、刘仁求三兄弟分别就读黄埔军校。在 20 世纪北伐战争和抗日战争时期，刘权求任广东江防司令部鱼雷队第九组少尉组长，后牺牲殉国；刘礼求于 1944 年参加滇缅战役期间任中国远征军副营长；刘仁求在参加滇缅战役期间任中国远征军高级参谋。

（十五）聚龙山村李宅

聚龙山村李宅，位于钦州市灵山县旧州镇狮岭村委。相传其始建于清光绪十四年（1888 年），由当地大商人李自岩亲选风水宝地动工兴建，耗尽满满三大屋子的银子、铜钱。

古宅坐落在一处山坡上，青砖黛瓦，飞檐高翘，三进门二天井，方形总体布

图 7-38　聚龙山村李宅

局，中轴左右对称。站在古宅门口往外望去，近处是一大片宽敞的平地，远处的良田和山丘一眼望不到头。从远处眺望整座古宅，高翘的屋顶逐进升高，蔚为壮观。行走于古宅之中，走廊回环往复，宽阔大方，廊上均有檐瓦遮蔽，即便在大雨滂沱之时穿行院落，也能保证滴水不沾。古宅雕绘有精美的浮雕和壁画。

古宅院落四个角上有高耸的御敌岗楼，历经百年，其间多次受当地土匪及战乱骚扰却免遭毁灭，这4座岗楼起到了很大作用。

图 7-39　聚龙山村李宅

（十六）水溪江村内翰第

水溪江村内翰第，位于广西灵山县平南镇新魁村委。梁天琛中举后，于光绪二年（1876年）所建，占地约4000平方米，为青砖、黛瓦、彩梁岭南风格建筑，典雅灵秀，美轮美奂。四进宅院，布局对称工整。宅门上方镶嵌四字“温风徐来”。三进大门上方匾额“内翰第”。门

图 7-40　水溪江村内翰第

图 7-41　水溪江村内翰第

上一联“内修懿德，翰染清香”，字体刚劲有力。三进正门内屏风上方为一匾额“文魁”，乃时任广西巡抚张凯嵩所赠。入二进正门，便得一匾额，乃光绪所赐，其意乃梁氏因功名而请上追封祖父、父亲为侍林郎。各进的正、二梁分别雕刻有“富贵荣华、万代兴隆”“三多五福、光前裕后”“竹苞松茂、日升月恒”等祈求福禄之文字。

环顾宅院，雕龙画栋四处皆是，龙虎凤麒活灵活现，姿态万千，檐脚挑手皆雕花刻草，装璜粉饰极其巧妙别致。墙壁上百余幅山水花鸟装饰画更是精心描绘，栩栩如生。细视之，落笔精细，历经 170 余岁色泽未变！无论山水或花鸟，或泼墨或淡描，形象丰满，落笔繁简循序，皴法别致有章，意蕴深幽而境界开阔。

（十七）马长田镬耳楼

马长田镬耳楼古民居，位于浦北县小江镇马长田村委余屋村。该建筑群包括左右两个三进院落，分属余、刘两姓，他们同期建造。

余姓院落名为“余庆堂”，始建于清嘉庆年间（1796 年），占地面积 6000 多平方米，建筑面积

图 7-42　马长田镬耳楼古民居

5000多平方米。距今已有200多年历史，由监生余仕熹之子余德一、余德恭、余德敏三兄弟在清朝考取功名发迹之后历时30多年所建，耗资甚多，规模壮丽。此建筑群座东北向西南，属砖、瓦、石、木结构，整体结构复杂，布局合理；造型雄伟、壮观、高雅、堂皇，集多种艺术于一体，属于具有浓厚的地方民族特色风格的民宅。室内雕梁画栋，墙上刻有龙、凤、鸟、鱼、花、草等一幅幅平面画或立体式浮雕壁画。建筑的硬山风火墙构造，墙头高出屋面逾3米，其灰塑精美，两侧风火墙设计对称，形同锅耳，故称之为“锅耳楼”。该古建筑群对研究中国南方古代建筑艺术，建筑风格和社会历史、政治、经济、文化的发展有着重要的价值，并且有很好的旅游开发前景。

图7-43 马长田镬耳楼古民居

余屋锅耳楼古民居建筑群于2002年被浦北县人民政府公布为重点文物保护单位。

（十八）香翰屏将军故居

香翰屏将军故居，位于浦北县石埇镇坡子坪村委老城村。分为增城子、嘉李园两个部分，分别始建于1936年、1929年。这是一个集西方建筑风格和中国传统古建筑特色于一体的别墅式、庄园式的将军府邸，共有大小房屋116间，占地面积约23333平方米，建筑面积5044平方米。

图7-44　香翰屏将军故居

增城子庄园依山坡筑就，中西合璧，南北角分别设有炮楼。四周有围墙，城墙高约5米，用黄泥土、沙、石灰筑就，十分坚固。建筑群的南门与北门的分布和构造实属两栋设计对称的别墅式小洋楼，由砖瓦木构造，共两层，高雅别致，小巧玲珑。一楼大门两边为两居室，二楼为一厅两居室。南北两门楼的不同之处只是楼顶琉璃瓦饰的格调与图案。北门屋顶、封山与四角，分别饰有飞龙型云彩、蝙蝠、蝴蝶、花草图案。南门屋顶、封山与四角，分别饰有变形飞凤型云彩，意为龙腾凤舞；两门对称呼应。楼上楼下与墙角两边，均布有哨烟、炮洞。

主建筑正门坐西南向东北，门前廊设计为一个戏台。将军府凡有喜庆之事，均请戏班子在此唱戏娱乐。门前是一小广场，是供练兵或观众看戏席座的地方。正门设有横栊、直栊、板门三层防范设置；前座有二层，二楼为一开口厅，走廊可以相通中座。屋顶为木条、板角，有公母瓦铺盖。屋檐滴水处饰蓝色琉璃瓦。屋脊塔顶高出瓦面，饰有蓝色琉璃瓦。封山两边饰有蓝色龙型云彩。前座与中座之间有一个长方形大天井，天井旁布有 5 条大圆柱。前座门厅两向与天井左右两向相接。南北两边有三房两厅套房，为主人房；套房设计对等，面积、装饰均一致。一楼由一个圆形门进入，分别有楼梯间、客厅、卧室、卫生间，墙壁洁白光滑。客厅天花有吊灯座，地板铺有不同颜色的八角形花瓷砖，显得十分豪华、美观、大方。

图 7–45　香翰屏将军故居

后座中间为祖公厅，摆设神台，有“金玉满堂”的字样。祖公厅的顶梁柱浮雕刻有“中华民国丙子年丁酉月丁酉日乙巳时行墙升梁吉”字样。祖公厅左右两边为一排整齐的直屋，均为两层结构，而直屋的两端西北角和东北角分别为三层

图 7–46　香翰屏将军故居

结构的炮楼，并且每层布满枪眼和炮洞。此二角建筑居高临下，可与前座两门楼相呼应，承担着护园责任。炮楼屋脊设计独特，塔式顶部四角均饰有龙型云彩，封山两边为“镬耳”状装饰，并高出琉璃瓦面。

嘉李园建在增城子后侧的小山坡上，按七星位和五行理念设计，建有七座别墅式小洋楼，每座小楼都分别命名，有窝虞居、松虞居、橄榄居、画云阁、观音堂等。嘉李园正门向东，两边有厢房，结构为一层，简称“窝虞居”。正门背后为“松虞居”，简称为“谣光星”，象征海王星，结构为一层，屋檐四周外有圆柱，走廊铺有花地板砖，为一厅一房。“橄榄居”象征金星，结构为两层，屋檐走廊有圆柱。画云阁（玉衡星）象征水星，实际是一座藏书楼，为二层结构，桥型塔式楼顶的设计，盖琉璃瓦，屋檐四周有圆形柱头。“观音堂”为单间一层，内设有神台、观音座莲神像，屋顶为塔式建筑构造，盖琉璃瓦。观音堂旁边是土地神，有凉亭一座，观音堂前为官厅，是香公常来会客的场所。后门楼为一栋二层两间别墅式小洋楼。

（十九）平马民居古建筑群

图 7–47　平马民居古建筑群

平马民居古建筑群，位于浦北县小江镇平马村。

平马村以大朗书院和伯玉公祠为中心，由客家民居建筑群组成。大朗书院始建于清光绪二十五年（1899 年），由当地开明乡绅宋安甲先生创建。大朗书院占地面积约 5160 平方米，建筑面积 1800 平方米，座北向南，三进两厢，砖、瓦、石、木结构，头、中座之间有小花园，中、后座之间为庭院，拥有大小教室和教师住房等 16 间，教室、住房之间有走廊相连，4 个天井把三进两厢的建筑分隔开来。正大门上方有长 2.5 米、宽 0.9 米的长方形花岗岩石板牌匾，上刻“大朗书院”四个大字。大朗书院的石刻、木雕楹联构成了书院的一绝。

图 7–48　平马民居古建筑群

伯玉公祠始建于清光绪二十二年（1896 年），由清代六新上坪村人宋氏兄弟宋安甲、宋安柄筹建，院落式建筑，用料装饰考究，1927 年重修，2008 年被公布为自治区重点文物保护单位。

（二十）亚旺龙胆大屋

亚旺龙胆大屋，位于浦北县寨圩镇亚旺村委，建于清朝道光年间，是归德首富韦喜君的庄园。庄园南北纵深 46 米，东西宽 72 米，面积 3112 平方米（如果加上后城墙内留作花园的空地，面积将增加一半）。

图 7-49 亚旺龙胆大屋

图 7-50 亚旺龙胆大屋

建筑主体是三进院落，每进九开间，即“三排九”布局，外围左、右、后三面有厢房环绕围合，形成围屋形式。四隅有高大的炮楼，形势壮观。整座庄园共 72 间房子，巷道纵横、四通八达，井然有序。

龙胆庄园采用悬而未决山房顶，五脊两坡、左右亮山，砖木结构。门框、门槛、门凳、台阶、横梁、墙角边柱等全部用花岗岩石条镶砌。有些石条达 6 米以上，用整块巨石开凿而成。这些石条做工精细，图案生动逼真。

庄园的装饰丰富又多彩，可分为雕塑、雕刻、壁画等，都具有相当高的欣赏价值和历史研究价值。

（二十一）曲木陈氏围屋

曲木陈氏围屋，位于合浦县曲樟乡曲木村委。客家人陈瑞甫从福建迁至合浦县曲樟乡，为防外敌及野兽侵扰，他率领陈氏族人进行家园建设，最终形成了今日坚固的客家土围城这一建筑群落。它由“老城”和“新城”两部分构成。“老城”始建于清光绪八年（1883 年），“新城”始建于光绪廿一年（1896 年），占地面积约 6000 平方米。

图 7-51　曲木陈氏围屋

围屋具有较强的防御功能，可抵御各种外敌的攻击，以血缘宗亲抱团，与严酷的生存环境抗争。曲木陈氏围屋整体上坐西北向东南，平面形状总体上看似一只短靴，由两个相连的、呈不规则长方形的围屋组合而成。围墙全部以三合土夯筑而成，厚 0.9 米，高约 7 米，内侧有高空过道，围墙上遍布防卫射击孔，围墙各转角处皆布置有碉楼（三合土夯筑，共计 9 座），高度从 8.3 米至 10.5 米不等。门是整个土围屋的安危所在，设有板门、闸门、便门、拖栊门等 3 道 5 层式的连环防卫门，当碗口粗的横木齐齐放下时，面对此坚固大门就是膀阔腰圆的汉子也只能望洋兴叹。

图 7-52　曲木陈氏围屋

曲木陈氏围屋外观呈方形，围屋内部布局以宗祠为核心，宗祠墙体以青砖砌造（其余建筑物墙体均采用生土坯砖砌建），整个围屋分布着平房、粮库、晒场、水井、四合院等建筑物。

图 7-53　曲木陈氏围屋

“老城”为“二横二堂”，“新城”为“三横二堂”，堂与堂之间以天井相隔。祖公堂是供奉祖先神位的地方。堂正上方，悬挂着一块流光四溢的金匾，上横雕有双龙戏珠，左右两龙腾云相视，上书“春酒介眉”四个遒劲有力的大字。老房子的木窗，均是名贵的酸枝木，素木本色，没有过多花俏的装饰。飞檐翘角，虽没有精致的雕刻，处处透着的是清淡平实的气息。

（二十二）廉州槐园

廉州槐园，俗称“花楼”，位于合浦县廉州镇康乐街 1 号，为廉州士绅王崇周故居。“槐园”名取宋士王祐植槐典故。始建于 1927 年，占地面积 5367 平方米，是一处中西结合的近代庭园别墅式建筑群，园内建筑自东向西沿中轴线布局，依次由池塘拱桥、门楼、庭院鱼池、主楼、后罩房以及西北厢房、四周园林等构成。1993 年公布为合浦县重点文物保护单位。

图 7–54　廉州槐园

该园的核心建筑——主楼，是一栋砖木钢筋砼混合结构的四层楼房，造型中西合璧。一、二层采用欧洲古典风格，底层为券廊式，前面发券 12 孔，构成宽敞的前廊；二层为柱廊式，前面由 10 组仿古罗马斯塔干式方柱、爱奥尼式圆柱组合的束柱，承托钢筋砼结构过梁，构成宽阔的敞廊和居中凸出的半圆阳台。三层为中国传统风格，左右对称布置两间硬山式琉璃瓦顶平房，屋脊饰以灰塑博古、翘角，外墙饰以红色假清水墙。四层为中西糅合风格，居中一栋砖木结构重檐四角攒尖、琉璃瓦顶的中式亭阁作“藏书阁 "；前面为一座钢筋砼结构、八角穹窿顶西式凉亭。整栋建筑规模宏大，立面变化丰富，雄奇壮丽；既有中国式富丽堂皇的气度，又具欧洲中世纪建筑的质朴典雅气质，是一典型的“洋为中用”建筑实例。

（二十三）林翼中故居

图 7–55　白沙林翼中故居

林翼中故居，位于广西合浦县白沙镇油行岭村委新城村。建于 1931—1948 年间，是中西合璧的建筑群落，用红砖砌成。林翼中（1892—1984 年），字家相，早年参加辛亥革命活动，是民国早期广东省民政厅厅长，号称是地方军阀“南天王”陈济棠的“文胆”。该宅坐北向南，占地 7000 余平方米，围墙高 7 米、厚 0.6 米，四角及主人区共有 6 座三层高的碉楼；大院内东侧高墙、碉楼隔出主人区，依次为门楼、平房、影壁、水井、走廊、主楼、四合院、更房，门楼高二层。主楼高三层，西式风格为主，砖混结构；其余均为一层，传统建筑风格为主。中华人民共和国成立前，该宅日常有大批武装家丁守护，曾驻扎国军一个连的官兵。大院正门的门额上原有“相庐”二字，为宅主人手迹，正门外正对一个半月形池塘，人工挖成，为该宅组成部分。此故居 1993 年被公布为合浦县文物保护单位。

（二十四）东兴陈公馆

图 7–56　东兴陈公馆（陈济棠故居）

东兴陈公馆，位于广西防城港市东兴市永金街 5 号，是国民党著名的粤军将领陈济棠上将的故居。故居占地面积达 8680 平方米，建筑面积 2800 平方米，绿化面积达 3000 平方米；以两层法式花园洋房为主而构建成庭院；主体建筑分主楼和副楼，两楼中间用弧形的天桥连接。庭院内现存西炮楼、北炮楼、南门等，还有名贵的金花茶和百年古树。

（二十五）企沙簕山李氏古宅

簕山李氏古宅，位于广西防城港市港口区企沙镇簕山村，由簕山李氏始祖李常熙始建。簕山村是个海边渔村，按地理位置，地理先生说是蟹地。村庄成方形，全村由一条一丈多高的围墙环绕着，东西南北有四个岗楼（炮楼）和四合大门，村内有四条巷子纵横贯通。村庄保卫安全的实力也很强，山贼和海寇从来不敢进。这个村庄有着 480 多年历史。

图 7–57　簕山李氏古宅

（二十六）那厚古民居建筑群

那厚古民居建筑群，位于防城港市防城区大菉镇那厚村。那厚城面积约 3200 平方米，由数十户独立住宅组成，建筑类别有单体建筑、院落式围屋、四合院式祠堂等，建筑一般为砖木结构悬山顶，屋面为青瓦仰合冷摊，墙体基础和下部用青砖、石头砌筑，上部用土坯砖、青砖，围屋四角设有碉楼。村内巷道为乱石铺砌，纵横交错，地形复杂。

最具特色的是唐氏宗祠，它约 250 平方米，建在村子中央，坐西向东，分正

图 7–58　那厚古民居建筑

图 7-59　那厚古民居建筑群

殿、二殿、南大门、南二门。南大门两边建有附屋，正门两边为石栓双柱；南二门两边附屋为二层建筑，以竹泥棚隔层。走廊通道为石头和石砖铺设而成。正殿、二殿墙壁是青灰色青砖墙；屋顶是青灰色瓦屋顶，有的为大青瓦；屋脊由木材行桥及梁上覆盖瓦片构成。

那厚古民居建筑群集古祠堂、古巷道、古城墙、古榕树，以及防御、防火设施于一体，空间格局完整，展现了古代匠师和当时人们的审美理念及价值取向，为研究当时社会的民俗学、礼学、风水学、环境生态学提供了重要的依据。

（二十七）马突村覃汉大屋

马突村覃汉大屋，位于浦北县乐民镇马朗村委马突村，建于 1834 年（覃汉五十大寿），院落式传统民居，占地面积约 3.3 万平方米。三开间上下三进，每进左右各有一间耳房，外侧左右各有一条厢房，前右侧有门楼一座，均为青砖清水墙，悬山瓦顶。木雕艺术精巧玲珑，墙上壁画栩栩如生。马突村古建筑群规模宏大，是浦北县保护最完好的古建筑之一。

图 7-60　马突村覃汉大屋

覃汉六十大寿时，被钦授“旨赏蓝翎”匾和蓝翎一顶。

（二十八）塘坪坡李宅

塘坪坡李宅，位于浦北县平睦镇新塘村委塘坪坡村，始建于清朝中期，村庄占地 13000 多平方米。现存一座保存较为完整的院落式传统民居，三进（三开间）

左右各两厢房格局，建筑面积约 2000 平方米，均为青砖砌墙，悬山瓦顶，屋檐边镶着精美琉璃滴水。

正门外檐墙体上端的壁绘有“孔雀开屏图”“九狮图”“十八鹤仕图”“因鸠当泽黍图”“高冠一品图”等，其中也不乏屋主人的亲笔诗画和词句。

图 7-61　塘坪坡李宅

图 7-62　塘坪坡李宅

二厅的木雕花门屏正上方雕刻着一个大大的“寿”字，其左雕“箕陈五福”，其右雕“华祝三多”，对仗工整的双句摘自骈俪文体的《龙文鞭影》卷之三“五歌”。“箕陈五福”故事说的是商纣的王叔箕子武王灭商以后出走朝鲜，一年后因思念故土而回到镐京，武王向箕子讨教治国之法。箕子提出了九种大法，其中有一条就是用五福劝人为善。《尚书》记载的五福为：“一曰寿，二曰富，三曰康宁，四曰攸好德，五曰考终命。”大抵是说“一要长寿，二要富贵，三要健康安宁，四要遵行美德，五要善终。”箕子强调只要人为善就能得到五福。“华祝三多”亦作“华封三祝”，相传帝尧有一天到华地（今陕西西华县）去视察，华地封人（管理地方的官员）前往祝贺说：“惟愿圣人多福、多寿、多男子”。帝尧听罢连忙辞道：“实在不敢，多福就是多出许多麻烦事，多寿又要多出许多耻辱，多男子更要为他们多担心。”封人说道：“上天生了万民，必要给他们事情去做，每个男子都有事情做，有什么可担心的呢？把福分赐给众人，让人人都有福，又有什么麻烦呢？天下有道，便国泰民安；天下无道，便要竭力施德仁，哪里会有什么耻辱呢？”

图 7-63　塘坪坡李宅

最让人惊喜的是在右厢房一客厅内的一组（六幅）采用浮雕、镂空透雕工艺的木屏风尚保存完好。这种雕刻，工艺复杂，只有在高贵的装修中才用。这种有立体层次的木雕技法，工艺要求较高。其做法是先在木料上绘成花纹图案，然后按题材要求进行琢刻，需透空的地方就拉通，需凹凸的地方便铲凿，形成大体轮廓后磨平至光滑，再进行精细加工而成。

厅堂右侧还有一株已有 130 多年树龄的老茶花，高为 6 米，树冠 3 米有余，每年正月盛花期总有上千朵多蕊、重瓣、小碗口般大的大红色茶花缀满枝头，迎春绽放，花期长达 5 个多月，乡邻百里的人们都慕名而来观赏。

进村路的右侧是一座高五层约 14 米的炮楼，生砖木结构，用于防匪防盗。塘坪坡村被绿树翠竹三面环抱于中，每当夜幕降临，成百上千只白鹤纷纷回归古宅周围的绿树翠竹上栖息。

（二十九）沙坡彭宅

沙坡彭宅，位于浦北县官垌镇沙坡村，院落式传统民居，由祖宅和新宅两个相邻院落组成，建筑面积共约2100平方米。院落的四角有高四层约11米的生砖木结构炮楼。

新宅建于1880年前后，为四进（三开间）院落，左右各有两厢房。均为青砖砌墙，悬山瓦顶。梁、枋上有精美的高浮雕。

墙体上端的壁绘有“加官进爵”“五福临门”“连科及第”“雀屏中闻”“高冠一品”“歌乐春松”“三星在户”“连升三级”“麟乐图”“飞凤图”等吉祥图案，还有不少的诗词和佳句。

图7-64　沙坡彭宅

二厅的板棂屏风木雕花精美绝伦，中间为窗棂，周边围绕着刻有四灵（龙、凤、麒麟、龟）和四兽（狮、虎、象、豹）等吉祥物的漆金木浮雕。屏风正上方雕刻着四个漆金大字：“光前裕后”，光前意为光大前业；裕后意为遗惠后代；连起来便是为祖先增光，为后代造福，也可形容人功业伟大。

图7-65　沙坡彭宅

三厅的板棂屏风的窗棂和屏板大多掉失，却留下四个浮雕漆金大字：“八孝之第”。八孝指：“虞舜耕田，仲由负米，闵损芦衣，曾参养志，老莱斑衣，郯子鹿乳，汉文尝药，黄香温衾。”

祖宅建于1850年前后，为二进（三开间）院落，左右各有一厢房。均为青砖砌墙，悬山瓦顶。

（三十）大罗坪宋氏围屋

大罗坪宋氏围屋，位于浦北县小江镇新南村委大罗坪村。建于清朝，占地面积约 8 万平方米，客家围屋，外形接近圆形，周长 1000 米左右。围墙内的房屋以传统院落建筑为主，均为下半青砖、上半生砖砌墙，悬山瓦顶。圆形围墙墙体建材内外有别：内侧是生砖砌墙，外侧是青砖砌墙。内侧生砖所砌墙体，既是围墙墙体，又兼围墙内连体房屋墙体，可能是因为雨水淋不着，同时为降低建筑造价的原因。

图 7–66　大罗坪宋氏围屋

风水宝地的大罗坪村出过不少名人，清末至民国期间有宋安枢、宋以梅、宋以藩等人。宋安枢字星垣，此公由廪贡生出身，曾受清皇朝二品顶戴赏换花翎，民国元年（1912 年）接受广西都督陆荣廷委署为田南道尹，兼任广西新军陆军少将。宋以梅字佰芳，宣统己酉科拔贡，曾留学日本，奉旨以盐运司经历签掣直隶长芦补用，民国元年（1912 年）被选为广东省议会议员、议长；迭选为国会议员，民国十年（1921 年）任中央直辖建国军第二路军总司令。

图 7-67　大罗坪宋氏围屋

宋以藩字健屏，清末郡庠生，五品顶戴，广西补用府经历，升用知县；民国十年（1921 年）任广东省灵山县县长。

（三十一）彭智方旧居

彭智方旧居，坐落于防城区茅岭乡美丽村新屋组，占地面积 1077 平方米，建筑面积超过 2000 平方米。院落式传统民居，坐东北朝西南，五开间上下两进，左右各有一厢房，正前有门楼，均为石头裙脚青砖砌墙，硬山瓦顶，四角有四座炮楼。首座两头有炮楼邻护，通过左右厢房连接前炮楼，通过廊房连接门楼，形

图 7-68　彭智方旧居

成一个防卫森严的整体院落。

1927年7月7日，彭智方被国民党政府授予陆军少将军衔。

（三十二）杨南昌庄园（望龙楼）

图7-69　杨南昌庄园

杨南昌庄园，位于防城港市防城区那良镇范河村范河林场内。约建于20世纪二三十年代，已近90年，整体框架结构基本完好。坐北朝南，宽20.4米，进深34.9米，建筑占地面积711.96平方米。四角炮楼为3层，其他为2层，围屋为传统院落民居，五开间共三进，四角炮楼嵌入处于边角的房内，刚好占了半坡瓦的位置。大门前为大天井，中进两边为小天井，中间走廊直通正厅。正厅前仿“凸”形二层西式洋房加建了精美的西洋风格门廊和阳台，阳台顶额上书“望龙楼”三个大字。由于多年荒芜，现

图7-70　杨南昌庄园

围屋无人居住，杨家后人托人代管。现在前两炮楼之间加砌围墙和安装不锈钢大门，两边侧门加装防盗门。离围屋东面约 10 米处有一棵不知名 30 多米高的大树，树干要有五六人方能合抱。屋前有数米宽的水泥大道经过，还有五六亩的鱼塘。大树和鱼塘是此屋的一大景观，与建筑相得益彰。

（三十三）廖道明故居

图 7–71　廖道明故居

廖道明故居，位于防城港市东兴市那良镇滩散村，与越南仅一河之隔。约建于 20 世纪 30 年代，二层西式洋房建筑，占地面积约 900 平方米，建筑面积超过 1800 平方米。墙体厚约 600 毫米，全部由传统“三合土”筑成，楼板及楼梯由钢筋混凝土浇成，内廊柱子由青砖砌筑。建筑平面整体呈“凸”字，建筑的前部，一楼是欧柱门廊，二楼是阳台。内廊式回形建筑布局，四周房间，中为天井，两部楼梯分别设在建筑的左前角和右后角。建筑的前部和后部为三开间宽（宽 17.5 米，深 5.6 米），前部一楼不分隔，其他各分为中厅及左右两房。建筑的左右部分，各有三间房。处于建筑左后部二楼有外凸部分，设置角雕，有枪眼，可以有效监测建筑的左侧和后侧。整栋建筑设计紧凑、合理，既围合安全，又清凉幽静。中华人民共和国成立后，曾被部队作为办公场所，现由廖道明的家族后人居住与管理。

（三十四）李培侬故居

李培侬故居，位于防城港市东兴市江平镇解放路中心小学附近。约建于 20 世纪 40 年代，主楼建筑为三层法式花园洋房，占地面积达 3000 多平方米，主楼建筑面积 800 多平方米，绿化面积达 2000 平方米。墙体为青砖清水墙，木质楼板（现

图 7-72　李培依故居

改为钢筋混凝土浇制），木质楼梯，简洁的阳台、女儿墙栏杆由钢筋混凝土浇制。李培依故居主楼建筑保存完好，现为其后人办铭德幼儿园之用。

（三十五）邓世增故居（监公楼）

邓世增故居，位于北海市铁山港区营盘镇彬塘村委玉塘村，南朝大海。建于 20 世纪 30 年代，占地 3500 平方米，主体建筑由一幢四层的雕楼和一栋单层外廊式建筑组成，四周是高大的围墙与炮楼。

四层雕楼的墙体厚约 600 毫米，全部由传统“三合土”筑成，楼板及楼梯由钢筋混凝土浇成，层高三米。建筑整体呈方形，边长为 13.2 米，建筑内

图 7-73　邓世增故居

部每层布局均为三房一厅加一楼梯间。建筑四角沿角点 3 米外凸 800 毫米，设置角雕，有枪眼，可以有效防护建筑的四侧。

单层外廊式建筑是会客厅，四坡屋瓦顶，四周欧式柱廊，前后廊各有七圆拱，左右廊各有五圆拱。

邓世增，为著名爱国将领，国民党中将，曾任 19 路军副总指挥、代京沪卫戍司令长官，参与指挥著名的“一·二八”淞沪抗战。中华人民共和国成立后，邓世增故居曾作为合浦珍珠场的办公场所，现由其族人居住与管理。

图 7–74　邓世增故居

（三十六）廖瑞荫故居

廖瑞荫故居，位于北海市铁山港区南康镇陂塘村委陂塘村。建于 20 世纪 40

图 7–75　廖瑞荫故居

年代，建筑面积约为1000平方米，中西合璧院落式民居。主体建筑由两进的正屋和一个倒座组成，正屋和倒座均为五开间，墙体皆为传统“黄泥三合土”墙，两面坡硬山顶，瓦与墙的连接处，吸收了西式建筑的装饰方法，饰以白色的装饰线条。左右廊房与正屋（倒座）围合成天井，整体构成一个闭合的院落。天井的四周是院子的内廊，有砖柱和圆拱（全由红砖砌成，清水做法）。

（三十七）陂塍村彭氏祖祠（文魁）

陂塍村彭氏祖祠（文魁），是彭氏第七代祖祠，叫功德祖祠堂，位于合浦县公馆镇陂塍村。此祖祠建于清朝，已有200多年的历史，建筑面积约800平方米，砖木结构院落式传统民居，青砖墙批灰刷白，硬山瓦顶，灰雕装饰脊，三开间三进深的院子。精美的灰雕、木雕、石雕、陶塑令人叹为观止，建筑整体保护完好。

图7–76　陂塍村彭氏祖祠

图7–77　陂塍村彭氏祖祠

有一万多居民的陂塍村与周边的村子，同属一个小平原地带，四周群山环绕。这里有好几个保护完整的传统古院落。

（三十八）圆山墩土围楼

圆山墩土围楼，位于合浦县公馆镇沙垠村委圆山墩村。建于1903年，是占地面积仅1000平方米的小型围屋，主体建筑由一个两进的传统院落和一栋门楼组成，四周是6米高的土围墙与四角炮楼，是张姓先祖在南洋创业成功后回乡建造的，带有一定南洋风格。后人张友和曾任国军师长。

土围楼平面呈五边形，大门开在左侧靠前的位置。院落的每进皆由中厅、左

图7-78 圆山墩土围楼

右各一房以及左右各一耳房构成，传统“三合土”墙，悬山瓦顶。门楼是三开间两层楼房，内墙为传统“三合土”墙，外墙为青砖清水墙，木质楼板。现由其族人居住与管理。

（三十九）下卖兆杨氏古祠堂

下卖兆杨氏古祠堂，位于北海市银海区福成镇卖兆村委下卖兆村，建于清朝，距今已有 300 多年的历史，是广西沿海地区现存最古老的硬木穿斗结构房屋。院落式传统民居，面宽三间，进深二进。建筑面积约 150 平方米，两面坡硬山顶。距古祠堂百米开外的村口有一颗高耸的箭毒木（见血封喉），已有 600 多年。

相传，杨氏祖先在营盘港卖船桨为生。当地海佬把“划船”讲作“趮（zào）船”，故把卖船桨的人称为“卖趮（zào）人”，所住的村子称为“卖趮（zào）”。后来，为了便于书写、讨口彩，“卖趮（zào）”写为“卖兆（zhào）”，这是卖兆村的得名缘由，村庄名具有浓厚的滨海特色。

图 7–79　下卖兆杨氏古祠堂

后 记

古民居承载着建筑艺术及民族历史、社会经济等信息，是有形物质遗产。广西沿海古民居建筑文化受本土文化、中原文化、海洋文化的共同影响，同时受自然环境、社会人文环境的制约，表现出区域内民居建筑类型繁多，甚至“杂”，又或者半土半洋夹生其中的特点，岭南文化、百越文化、客家文化、海洋文化在广西沿海地区的交汇融合，也在古民居中打下了烙印。

作为一名出生于广西北部湾地区，并在当地从事艺术设计教学工作近30年的高校教师，我热爱这片土地，并极尽所能为广西北部湾这片土地的发展做出贡献。两年来，在繁忙的教学之余，我对广西沿海地区的120多处古民居（点）逐一进行实地走访，了解各处古民居的地理位置、空间环境、建房历史、人文背景、风俗习惯、民居趣谈等，如对古民居的空间布局、尺度进行测绘；对古民居装饰艺术、楹联艺术作影像记录；与村里老人、地方文人进行交流，记录他们关于古民居的逸事趣谈。结合所查阅的大量地方文史资料、地方志、族谱、建筑史、古建艺术等相关文献资料，我初步厘清了广西沿海古民居建筑特色及发展脉络：广西沿海地区古建筑历经了由巢居到干栏式建筑，到中原的院落式建筑和阁楼式建筑，再到殿宇建筑和西式洋房、商街骑楼建筑的几个历史阶段，体现出广西沿海历史发展进程中古骆越文化、中原汉文化与西方文化等不同文化之间的碰撞和融合。广西沿海现存古建筑虽然建筑年代不同，风格各异，但由于均受广西沿海独特的自然环境，及移民文化、商贸文化、西方文化的影响，都带有一定的基于海洋性而衍生的海洋文化特性，如融合性、务实性、变通性、崇商性、开放性等；都蕴涵着广西沿海人民对海洋的认识、情感表现，利用海洋受制于海洋的行为和生活方式。广西沿海古建筑是广西沿海劳动人民物质文明与精神文明的结晶，劳动人民在长期的历史发展进程中，以过人的智慧和开放的胸怀，不断适应海洋气候环境变化的需要，不断吸收与融合外来文化，丰富建筑文化的内涵，使广西沿海古建筑成为广西海洋文化的重要载体，中华民族文化宝库中的瑰宝之一。

随着我国工业化、城镇化、新农村建设进程的加快，古建筑正以一定速度在逐年消失，传统建筑文化面临着越来越严峻的挑战，广西沿海传统建筑文化将面临多方面的冲击和挑战。在建设21世纪海上丝绸之路的背景下，守护传统文脉、传承和发展广西沿海建筑文化精华，不断创新和发展广西沿海建筑文化，赋予其新的时代内涵和现代表达形式，是我们作为高校教师和人文社会科学研究工作者的应有职责。为此，本书从广西沿海自然环境和社会人文背景出发，分析广西沿海古民居营造的文化渊源；阐述广西沿海古民居的建造与布局，建筑装饰的技术与艺术，传统民居建造的风情习俗与道德教化等内容，但愿能为广西沿海古建筑文化的保护和开发利用起到一定的作用。

在开展调研和书稿撰写的过程中，本书得到广西高校人文社会科学重点研究基地北部湾海洋文化研究中心的立项支持，我校黄宇鸿教授、吴小玲教授、黄家庆研究员、何波教授等人给予了帮助和指导，侯艳副教授特别撰写了“文以载道”部分，为本书增添光彩。在此一并致谢。

同时本书在撰写过程中借鉴了一些同行的研究成果和相关资料，不能很详细地一一列举，故在此一并致谢。

中国传统文化博大精深，广西沿海古民居的建筑文化所蕴含的内容与精神同样博大精深，并不是这一本薄薄的小册子所能够囊括的。由于时间仓促，加上笔者才疏学浅，未能对广西沿海古民居建筑文化进行更为系统的、全面的归纳和梳理，书中所存的不足也是很明显的，衷心期待专家学者和广大读者对本书进行批评指正。

李 红

2017年9月10日于钦州

参考文献

一、著作类

[1]（晋）张华 . 博物志 [M]. 北京：中华书局，1980.

[2]（宋）周去非 . 岭外代答 [M]. 杨武泉，校注 . 北京：中华书局，1999.

[3]（宋）李诫 . 营造法式 [M]. 王海燕，注译 . 武汉：华中科技大学出版社，2011.

[4]（明）林希元 . 钦州志 [M]. 天一阁藏明代嘉靖刻本 . 上海：上海古籍书店，1961.

[5]朱椿年.（道光）钦县志[M]//广东省地方史志办公室.广东历史方志集成・廉州府部（八）.广州：岭南美术出版社，2008.

[6]（清）屈大均 . 广东新语：卷十五・货语 [M]. 康熙三十九年刻本 . 北京：中华书局，1985.

[7] 廖国器 .（民国）合浦县志 [M]// 广东省地方史志办公室 . 广东历史方志集成・廉州府部（六）. 广州：岭南美术出版社，2008.

[8] 刘运熙，李敏中 .（民国）灵山县志 [M]// 广东省地方史志办公室 . 广东历史方志集成・廉州府部（十）. 广州：岭南美术出版社，2008.

[9] 孔繁枝 .（民国）钦县志 [M]// 广东省地方史志办公室 . 广东历史方志集成・廉州府部（七）. 广州：岭南美术出版社，2008.

[10] 广西民族传统建筑实录编委会 . 广西民族传统建筑实录 [M]. 南宁：广西科学技术出版社，1991.

[11] 商子庄 . 中国古典建筑吉祥图案识别图鉴 [M]. 北京：新世界出版社，2009.

[12] 梁思成 . 清工部《工程做法则例》图解 [M]. 北京：清华大学出版社，2006.

[13] 王其钧 . 中国建筑图解词典 [M]. 北京：机械工业出版社，2007.

[14] 陶洁 . 堂而皇之 / 中国建筑・厅堂 [M]. 沈阳：辽宁人民出版社，2006.

[15] 眭谦 . 四面围合 / 中国建筑・院落 [M]. 沈阳：辽宁人民出版社，2006.

[16] 陈建军 . 大壮・适形 / 中国建筑・匠意 [M]. 沈阳：辽宁人民出版社，2006.

[17] 汤德浪 . 屋名顶实 / 中国建筑・屋顶 [M]. 沈阳：辽宁人民出版社，2006.

[18] 陆元鼎 . 中国传统民居与文化 [M]. 北京：中国建筑工业出版社，1991.

[19] 龚伯洪 . 广府文化源流 [M]. 广州：广东高等教育出版社，1999.
[19] 陆琦 . 广府民居 [M]. 广州：华南理工大学出版社，2013.
[20] 张一平，吴春明，丘刚 . 百越研究（第三辑）[M]. 广州：暨南大学出版社，2012
[21] 覃乃昌等 . 广西环北部湾文化考察与研究 [C]. 广西环北部湾文化研究 [A]. 南宁：广西人民出版社，2002.
[22] 蒋明智 . 中国南海民俗风情文化辨（岭南沿海篇）[M]. 广州：广东经济出版社，2013.
[23] 广西壮族自治区文物工作队，合浦县博物馆 . 合浦风门岭汉墓——2003-2005 年发掘报告 [M]. 北京：科学出版社，2006.
[24] 荆其敏，张丽安 . 中外传统民居 [M]. 天津：百花文艺出版社，2004.
[25] 王其钧 . 中国民居三十讲 [M]. 北京：中国建筑工业出版社，2008.
[26] 程建军，孔尚朴 . 风水与建筑 [M]. 南昌：江西科学技术出版社，2004.
[27] 邹妮妮 . 北海老街・百年老城 [M]. 南宁：广西人民出版社，2005.
[28] 广西民族传统建筑实录编委会 . 广西民族传统建筑实录 [M]. 南宁：广西科学技术出版社，1991.
[29] 姚承祖 . 营造法原 [M]. 张至刚，增编 . 北京：中国建筑工业出版社，1986.

二、论文类

[1] 于凤芝，方一中 . 广西钦州独料新石器时代遗址 [J]. 考古，1982(01):1-8.
[2] 廖国一，黄华枢 . 环北部湾沿岸古代文化的考古发现和研究 [J]. 广西民族研究，1998（2）：54-62.
[3] 吴小玲 . 利用海洋文化资源发展广西海洋文化产业的思考 [J]. 学术论坛，2013（6）：204-208.
[4] 于凤芝，方一中 . 广西钦州独料新石器时代遗址 [J]. 考古，1982（01）：1-8.
[5] 广西壮族自治区文物工作队，合浦县博物馆 . 合浦风门岭汉墓——2003-2005 年发掘报告 [M]. 北京：科学出版社，2006：37-39，53，96，105.
[6] 廖国一，白爱萍 . 多元文化的交融：泛北部湾历史文化圈 [J]. 学术论坛，2012（1）：102-106.

[7] 廖国一，黄华枢 . 环北部湾沿岸古代文化的考古发现和研究 [J]. 广西民族研究，1998（2）：54-62.

[8] 容观琼．释“岛夷卉服，厥篚织贝”——兼谈南方少数民族对我国古代纺织业的贡献 [J]．文化人类学与南方少数民族，南宁：广西人民出版社，1990：169-177.

其他

[1]广西概览 [EB/OL].广西地情网. [2016-06-30]. http://www.gxdqw.com/gxgl2/gxgk2/201604/t20160418_28395.html.